평생 일 안 하는 창조적 두뇌 소유자의
영어 키워드 아카이브

불멸의 키워드 상영관

언어 유전자를 선물해준 첫 영어 선생님,
아버지께 바칩니다.

좋아하는 걸 찾으라. 좋아하는 일을 하라.

Find what you love. **Do what you love.**

– 무명씨 –

좋아하는 걸 하고 살면 평생 하루도 일 안 해도 된다.

Do what you love,
and you'll never have to work a day in your life.

– 아서 자스메리, 프린스턴대 철학 교수 –

'좋아하는 걸 하고 살면 평생 하루도 일 안 해도 된다'라는 말이 있다.
이게 '100% 헛소리'라는 걸 나는 애플에서 배웠다.

There is a saying that
if you do what you love, you will never work a day in your life.
At Apple, **I learned that is a total crock.**

– 팀 쿡, 애플 CEO –

시놉시스

삶과 리더십에 창조적 변화 일으킬
1,000편일류 불멸의 키워드 틀어주는 책
千篇一流

이 책은 멀티플렉스입니다.

이 복합상영관은 인간의 창의성·지식·지혜 등에 지대한 영향을 미치는 '불멸의 키워드' 전용 극장입니다.

1. 분리하면

    Reading 독서

    Attitude 태도

    Comparison 비교

    Essence 정수

합체하면 '경주' 즉, **RACE**입니다. 이 책은 '**창조적 삶**'을 북돋우는 '변신 합체 불멸의 키워드'를 상영합니다.

분리하면

    Together 함께

    Everyone 모두

    Achieves 달성하다

    More 더

합체하면 **TEAM**입니다.

TEAMTogether everyone achieves more의 본질은 이것입니다. '협업하면 모두가 더 많이 달성한다.' 이 책은 분리해서 이으면 문장이 되는 '불멸의 키워드'도 상영합니다.

2. 분리하면

    Vision 비전

    Imagination 상상력

    Passion 열정

합체하면 **VIP**입니다.
이 책은 키워드만 상영하진 않습니다. 이 조합어처럼 '**창조적 리더십**'을 북돋우는 단어가 핵심인 문장, 예를 들면 Imagination이 쓰인 'The best use of imagination is creativity창의력은 상상력을 가장 잘 사용한 결과다'처럼 '불멸의 명문장·명대사'도 상영합니다.

3. 분리하면

    Curiosity 호기심

    Imagination 상상력

    Creativity 창의력

    Innovation 혁신력

합체하면 **CICI**입니다.
이 책은 우리의 '**창조적 삶·창조적 리더십**'에 공통으로 더 큰 변화를 일으킬
'위대한 네 개 역량'도 상영합니다.

4. 사람만 칭할 때 게임체인저game changer는 흐름의 판도를 뒤바꿔 놓을 만치 엄청난 변화를 이끄는 혁신적 아이디어 소유자이지요.

이론물리학자 **알베르트 아인 슈타인**
기업가 **이건희**
기업가 **스티브 잡스**
비디오 **아티스트 백남준**
변호사 **이석연**
작가 **무라카미 하루키**
축구선수 **손흥민**
아이스하키 선수 **웨인 그레츠키**
수학자 **캐서린 존슨**
비행사 **아멜리아 에어하트**
영화 감독 **마틴 스코세이지**
화가 **파블로 피카소**
기업가 **크리스토퍼 나세타**
작가 **월터 아이작슨**
배우 대사부 **우그웨이**
작가 **알랭 드 보통**
광고인 **데이비드 오길비**
심리학자 **안젤라 더웍스**
배우·발명가 **헤디 라머**

이들 혁신가처럼 이 책은 낯익은 걸 낯설게 보는 눈, 역발상·창의·통찰과 변화에의 용기가 남달리 뛰어난 리더의 말 words · 생각 ideas도 상영합니다. 심지어 독자께 그것을 '훔칩시다'라고 제안하면서….

5. 분리하면

    Amusement 재미

    Creativity 창의력

    Evolution 변화

합체하면 **ACE**입니다.
'에이스가 되겠다!' 이 다짐은 '나'와 '남'에게 변화를 일으키는 '창조적 삶'을 살겠다는 결의입니다. '조직'에 변화를 일으키는 '창조적 리더'가 되겠다는 결의입니다.

6. **ACE**가 되고자 한다면 '천편일률千篇一律적 사고'를 혁파해야 합니다. '**1,000편일류**千篇一流 입체적 사고력'을 키워야 합니다. 이 책은 이와 같은 사고력도 북돋우는 '**1,000편일류** 명작 영화도 상영합니다.

관람할 준비, 됐을까요? 틀겠습니다,
상영 정보부터…!

Giuseppe Tornatore

Variety is the spice of life.

다양성은 삶의 향신료다.

상영 정보

시놉시스 ………………………………………………… 7

**1부
프롤로그 상영관**

1관 책 제목·콘텐츠 톺아보기 **키워드** ………………………… 19
2관 책 제목·콘텐츠 톺아보기 **불멸의 키워드** ……………… 25
3관 책 제목·콘텐츠 톺아보기 **불멸의 키워드 상영관** ……… 34
4관 불멸의 키워드 만들기 놀이 1 내 운명을 결정짓는 **WATCH** ……… 39
5관 불멸의 키워드 만들기 놀이 2 조직 운명 결정짓는 **HILTON** ……… 45
6관 경험하자·훔치자 **인간이 이룩한 최고의 것들** ……… 49

**2부
북 트레일러 상영관**

1관 모든 말 가운데 가장 슬픈 말 **그때 해봤더라면** ……… 61
2관 인간에게 닥친 가장 슬픈 불운 …………………………… 67
3관 '평생 일 안 하고 사는' 비결 ……………………………… 71
4관 '평생 일 안 하는' 게임체인저 **창조적 두뇌 소유자** ……… 77
5관 아인슈타인의 성공 공식 $A=X+Y+Z$ ………………… 81
6관 '창조적 삶과 리더십' 원천 **독서력·언어력** …………… 87

3부
본편 상영관

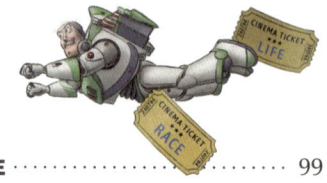

1관 '창조적 삶'을 위한 불멸의 키워드 **LIFE** ················· 99
  Love 좋아하다 ···· 109
  Intelligence 지능 ···· 115
  Fun 재미 ···· 121
  Evolution 변화 ···· 125

2관 '창조적 삶의 태도'를 위한 불멸의 키워드 **RACE** ············· 131
  Reading 독서 ···· 137
  Attitude 태도 ···· 145
  Comparison 비교 ···· 151
  Essence 정수 ···· 155

3관 '창조적 조직'을 위한 불멸의 키워드 **LIFT** ··············· 161
  Leadership 리더십 ···· 167
  Innovation 혁신 ···· 181
  Feedback 피드백 ···· 187
  Teamwork 팀워크 ···· 193

4관 '창조적 리더'를 위한 불멸의 키워드-1 **VIP** ············· 199
  Vision 비전 ···· 211
  Imagination 상상력 ···· 217
  Passion 열정 ···· 223

5관 '창조적 리더'를 위한 불멸의 키워드-2 **CSI** ············· 229
  Change-maker 체인지메이커 ···· 237
  Storyteller 스토리텔러 ···· 243
  Innovator 혁신가 ···· 257

6관 '창조적 역량증진'을 위한 불멸의 키워드 **CICI** ·········· 261
  Curiosity 호기심 ···· 271
  Imagination 상상력 ···· 289
  Creativity 창의력 ···· 305
  Innovation 혁신력 ···· 321

4부
1,000편일류 상영관

1관 '입체적 사고'의 비결 **이건희식 '1,000편일류' 영화 보기** · · · · · · · · · · · · · · · 335

2관 '1,000편일류 명작' **1,000편 보기** · 341

3관 칼럼으로 명작 톺아보기 **'1,000편일류 명작' 세 편** · · · · · · · · · · · · · · · · · · · 347

　　　'무명의 영웅'을 노래하다 - 〈히든 피겨스〉 · · · · 351
　　　'불멸의 아름다움'을 노래하다 - 〈일 포스티노〉 · · · · 359
　　　'위대한 삶의 목적'을 노래하다 - 〈인생은 아름다워〉 · · · · 365

5부
에센스 상영관

1관 '창조적 삶'과 에센스 키워드 **ACE** · 379
　　　1. **A**musement 재미
　　　2. **C**reativity 호기심
　　　3. **E**volution 변화

2관 '성공 열쇠'와 에센스 키워드 **CPR** · 383
　　　1. **C**ourage 용기
　　　2. **P**ersistence 부단함
　　　3. **R**eading 독서

3관 '창조적 삶'과 에센스 명문장·명대사 · 387
　　　1. **Do what you love** '자유'라는 이름의 '재미'
　　　2. **Be the miracle** '변화'라는 이름의 '기적'
　　　3. **Today is a gift** '오늘'이라는 이름의 '선물'

6부
에필로그 상영관

Six Appeal과 빅 픽처 · 397

1 프롤로그 상영관

프롤로그 상영관 **1**관

책 제목·콘텐츠 톺아보기
키워드

'태초의 키워드'는 '말씀'입니다.

> '태초에 말씀이 계시니라In the beginning was the Word, 이 말씀이 하느님과 함께 계셨으니, 이 말씀은 곧 하느님이시니라.'
> – 요한복음 1:1

코미디 〈브루스 올마이티 Bruce Almighty〉는 미국 동부 어느 방송국에서 일하는 리포터 브루스의 이야기입니다. 하루는 그가 하늘을 향해 불만을 터뜨립니다. 왜 자기한텐 기적을 안 내려주시냐고. 창조자가 친히 내려와 이 '말씀'을 합니다.

> "사람들은 내가 자기들을 위해 뭐든 다 해주길 바라는데 기적을 일으킬 힘이 자신에게 있다는 걸 깨닫지 못해. 기적을 보고 싶나? 자네가 기적이 되게."

'자네가 기적이 되게'의 영문은,

    Be the miracle.

이 명대사의 키워드는 기적 **miracle**입니다. 이때 기적의 함의는 변화 **change**이지요. '누구나 노력하여 자기 삶에 변화를 일으키면 그 게 기적'이라는 게 메시지입니다.

키워드는 핵심어 즉, 핵심 단어입니다. 어떤 말이나 글 따위에서 가장 중심이 되는 단어입니다. 키워드는 독립적으로 쓰일 때뿐만 아니라 문장에서 핵심적 의미로 쓰이는 단어를 가리킵니다. 누군가의 삶의 태도나 삶 자체의 물꼬를 바꾸거나 그가 속한 조직·사회에 변화를 일으키는 중요한 역할을 합니다.

    '삶이 그대에게 레몬을 주면 레모네이드로 만들어라.'

월드 클래스 축구선수 손흥민이 경기 후 SNS에 올린 문장입니다. 키워드는 레모네이드 **lemonade**. 레몬은 시련이나 역경을 상징하고 레모네이드는 낙관주의 **optimism**를 상징합니다.

삶이 우리를 힘들게 하여도 낙관적으로 생각하고 생활하면서 이겨내자는 게 메시지이고요. '비관적인 생각을 떨치라'가 저변에 깔린 교훈이니까 이 명구도 메시지의 본질이 변화 **change**이지요.

영문은,

    When life gives you lemons, make lemonade.

'지금 나에게는 꿈이 있습니다.'

1963년 8월 28일. 미국 흑백 인종차별 역사의 물꼬를 바꾼 마틴 루터 킹 주니어의 기념비적 연설문 중 핵심입니다. '리본을 두른 폭탄'같은 문장이지요.

영문은,

   I have a dream today.

키워드는 꿈**dream**입니다. 이 게임체인저의 꿈의 요체要諦는 흑인 인권의 변화 **change**입니다.

이번 명구는 혁신**innovation**이 주제입니다.

'세상에서 가장 먼 거리는 머리에서 심장까지다.'

영문은,

   The longest distance in the world is from the head to the heart.

키워드는 머리**head**와 심장**heart**입니다. 머리는 '아는 것'을 상징합니다. 한편 심장 또는 가슴은 '실행하는 것'을 상징합니다. 실행이 완수된 종착역이 혁신이고요.
머리에서 가슴까지는 18인치입니다. 45.72센티미터에 불과합니다. 그런데 왜

두 곳이 세상에서 가장 먼 거리라고 은유할까요. 실행을 통해 성과를 내는 과업이 그만큼 어렵다는 게 속뜻이지요. 모든 '미완의 혁신'은 그 원인이 실행력 부족 또는 미실행입니다. 그러므로 혁신의 본질도 마땅히 변화**change**이지요.

'가장 훌륭한 배는 리더십이라는 이름의 배다.'

영문은,

The best ship is leadership.

리더십**leadership**이 키워드입니다. 리더십이 탁월한 창조적 리더는 체인지메이커**change-maker**입니다. 위기를 기회로 바꿔 변화**change**를 일으키는 리더이니까요.

이들 다섯 개 명구로부터 우리는 모든 키워드가 그 자체 의미로든 함의로든 위대한 개념인 변화**change**에 수렴된다는 걸 확인했습니다. **change**는 아래 둘의 에센스**essence**, 정수, 精髓입니다.

창조적 삶**creative life**
창조적 리더십**creative leadership**

'창조적 삶'과 '창조적 리더십'은 이 책 〈불멸의 키워드 상영관〉이 세운 핵심 축**linchpin**입니다. ✪

언박싱
삽화 이야기

 이 디자인은 전설적인 그래픽 디자이너 밀턴 글레이저Milton Glaser, 1929~2020의 작품입니다. 그의 명구 하나를 소개합니다. "디자인 작품에 대해 소비자는 셋 중 하나로 반응한다: '좋은데', '별론데', 그리고 '죽이는데'! 소비자가 정말 찜하고 싶은 건 '죽이는데' 수준의 디자인이다."

레오나르도 다빈치의 명구 하나도 소개합니다. 'Realize that everything connects to everything else모든 것이 다른 모든 것과 연결돼 있다는 걸 깨달아라.' 한편 스티브 잡스는 이 말을 했습니다. 'Creativity is just connecting things창의력은 사물과 사물을 연결하는 능력이다.' 좋은 아이디어와 좋은 아이디어를 연결하는 능력이라는 뜻이기도 하지요.

'Learn how to see.' 이것도 레오나르도 다빈치의 명구입니다. 의미는, '자세히 알고 자세히 이해하는 법을 터득하라'. 예술가는 우리를 둘러싼 세상을 '새로운 눈으로' 이해하고 해석하는 방식으로 우리의 창의성을 북돋우지요. 천편일률적 평범함을 뛰어넘는 신선한 경험을 즐겨보라고 자극하고요. 새로운 눈은 곧 '다르게 보는 눈'입니다.

프롤로그 상영관 2관

책 제목·콘텐츠 톺아보기

불멸의 키워드

한 소년이 숲을 달립니다. 주정뱅이 아버지의 폭력을 피해 소년이 한밤중에 다다른 곳은 호수. 들어가 눕자 물에 비친 무수한 별이 소년을 품어줍니다. 그러자 소년도 별이 됩니다.

괴테에 비견되기도 하는 작가 장 파울Jean Paul, 1763~1825이 이렇게 썼습니다.

'음악은 어둠처럼 힘겨울 때 삶을 비추는 월광月光이다.'

영문은,

Music is moonlight in the gloomy night of life.

앞 장면 전체를 월광이 감쌉니다. 음악이 흐릅니다. 베토벤 교향곡 9번 4악장 〈환희의 송가〉입니다.

영화 〈불멸의 연인 Immortal Beloved〉에서 이 시적詩的 장관이 펼쳐지는 무대는 교향곡 9번 〈합창〉을 초연하는 1824년 빈의 극장. 무대에서 54세의 루트비히 판 베토벤이 눈을 감은 채 호수의 소년 베토벤을 떠올립니다.

이 광경을 보며 〈환희의 송가〉를 감상하던 한 여인이 마침내 결심합니다. 그녀 이름은 요한나. 베토벤의 제수弟嫂입니다. 남편과 사별하자 그녀 아들 카를의 양육권을 빼앗은 베토벤을, 천재로 키워주겠다면서 너무나 가혹하게 틀어잡아 카를이 자살을 기도하게 만든 베토벤을 이젠 용서하겠다는 결심입니다. 임종 전 베토벤이 양육권 포기 각서를 쓰면서 요한나에게 묻습니다. "이래야 하겠지?" 그녀가 답합니다.

"그래야 해요."

영문은,

It must be.

이때 베토벤 눈에 짙디짙은 슬픔이 맺힙니다.

바뀐 무대는 1827년. 베토벤 운명 후 비서 쉰들러가 편지를 발견합니다. '나의 천사, 나의 전부'로 시작해 '그대의 사랑인 나의 충직한 마음을 부디 잘못 판단하지 않길'로 끝나는 베토벤의 편지입니다.

쉰들러는 수취자 불명의 이 연서戀書와 "내 음악과 재산 전부를 '불멸의 연인'에게 상속한다"라고만 적힌 유언장을 들고 떠납니다. 베토벤의 운명을 바꾼 세 여인을 차례차례 만나보기 위하여….

"진실 없는 평화는 존재할 수 없어요."

이렇게 말하며 쉰들러가 맨 뒤에 만난 '불멸의 연인'을 단호히 설득합니다. 과연 여인이 고인과 자신의 평화로운 안식을 위해 기나긴 세월 가슴에 묻어뒀던 비밀을 털어놓을까요. 그녀가 편지를 읽더니 오열합니다.

오래전 '도망쳐 영원히 함께하고 싶소'라고 러브레터를 써 보내며 베토벤이 그토록 간절하게 듣고 싶어 한 말이 이것임을 알게 되었던 겁니다.

'It must be그래야 해요.'

어떤 연유로 이 편지가 너무 늦게 그녀에게 전달됐고 무엇이 둘의 연緣을 끊어 놨는지는 스포일러여서 가려둡니다. 그녀 이름은 요한나입니다.

'불멸성의 사랑'을 극화한 〈불멸의 연인〉을 텍스트로 해 써본 칼럼입니다. 영화 제목에서 잘 드러나듯이 키워드는 불멸**immortality**입니다.
사랑**love**도 불멸의 단어입니다. '불멸성'에 천착하다 보니 위대하고 아름다운, 그래서 불멸성의 지위를 획득한 키워드와 그것들이 핵심어로 기능하는 명문장·명대사를 체계적으로 소개하는 책을 지어보고 싶었답니다.

- 상상력과 창의성을 북돋운다.
- 변화를 활성화한다.
- 영감을 불러일으키고 동기를 부여한다.

- 교육을 통해 지식과 정보를 제공한다.
- 법을 만들어 세상을 더 정의롭게 이끈다.
- 역사를 기록한다.
- 권력 구조에 도전해 혁명을 촉발한다.
- 소통의 촉매제 역할을 한다.
- 치유와 위안의 촉매제 역할을 한다.

이뿐일까요. 말과 글의 위대한 힘·기능을 나열해봤는데요, 이런 힘과 기능을 가진 명문장·명대사엔 반드시 불멸의 키워드가 들어있지요.

누가 뭐라고 하든
말과 생각이 세상에 변화를 일으킬 수 있다

언어는 위대합니다. '나'와 '우리'와 '세상'에 변화를 일으키기 때문입니다. 앞 소제목은 영화 〈죽은 시인의 사회 Dead Poets Society〉를 대표하는 명대사로, 로빈 윌리엄스 Robin Williams, 1951~2014가 분한 교사 존 키팅이 제자들에게 하는 말이지요.

영문은,

> No matter what anybody tells you,
> words and ideas can change the world.

이 문장의 핵심 키워드는 세 개입니다. 말words과 생각ideas과 변화를 일으키다change. 이처럼 누군가의 삶과 세상에 변화를 일으키는 단어를 가리켜 '불멸의 키워드'라고 부르기로 합니다.

올해의 단어 vs. 불멸의 단어

'불멸의 키워드'는 '영원불변의 단어'입니다. '올해의 단어'와 '불멸의 단어'를 대비해 설명해봅니다.

유명 영미권 사전은 해마다 올해의 단어를 선정합니다. 일례로 옥스퍼드 영어 사전은 2023년 올해의 단어로 **rizz**를 선정했습니다. 카리스마Charisma에서 파생된 조어로 카리스마의 중간 음절 소리 '리즈'에 맞추어 **rizz**가 된 겁니다. 의미는 카리스마와 같고요. 냉장고refrigerator에서 **fridge**가, 독감influenza에서 **flu**가 파생되는 방식과 닮았지요.

한편, 미국 사전 메리엄-웹스터는 2023년 올해의 단어로 '진짜'를 의미하는 **authentic**을 선정했지요. 선정 이유를 들어봅니다.

"학생이 실제 논문 저자인지, 정치인이 해당 발언을 정말 했는지 믿을 수 없다. 눈과 귀로 보고 들은 것조차 믿을 수 없게 됐다. 우리는 진실성의 위기crisis of authenticity를 목도하고 있다."

어떤 단어는 시대나 문화 그리고 유행이나 특정 세대에 따라 생성됐다가 단기에 소멸해 잊히는가 하면 어떤 단어는 불멸의 자격을 얻습니다. 모름지기 유행어 **rizz**가 불멸의 키워드가 될 리는 만무해도 **authentic**은 절대 소멸 안 하지요.

열쇠와 단어 즉, **key**와 **word**의 조합어 **keyword**는 그 자체로 불멸의 키워드입니다. 이 책은 주된 사상이나 주제를 나타내는 핵심어인 동시에 우리의 창조적 삶creative life과 창조적 리더십creative leadership에 중요한 역할을 하는 단어들 즉, 불멸의 키워드를 소개하는 상영관임은 이미 앞에서 밝혔습니다.

가장 위대한 선물은 삶 자체다

이 소제목은 명작 영화 〈멋진 인생 It's a Wonderful Life〉의 명대사입니다. 키워드는 삶과 선물 즉, **life**와 **gift**.

영문은,

> The greatest gift of all is the gift of life.

이번엔 대문호의 명문장을 소개합니다. 소설가 마크 트웨인Mark Twain, 1835~1910의 명구인데요, 가장 중요한 두 날이 무엇인지 밝히고 있습니다.

> '인생에서 가장 중요한 두 날은 태어난 날과 태어난 이유를 깨닫는 날이다.'

영문은,

> The two most important days in your life are the day you are born and the day you find out why.

이들 사례처럼 이 책은 키워드 중심의 단어들만 소개하는 걸로 그치지 않습니다. 불멸의 키워드가 척추 역할을 하는 문장이면서 인류가 후대後代의 창의성 **creativity** · 지식**knowledge** · 지혜**wisdom**를 북돋우려고 물려준 보배로운 명문장도 상영합니다. ✪

James Byron Dean

SAMSUNG

SIX APPEAL

Love is how you stay alive, even after you are gone.

사랑은 당신이 떠난 후에도 살아남는 방법이다. - 미치 앨봄

프롤로그 상영관 3관

책 제목·콘텐츠 톺아보기

불멸의 키워드 상영관

작지만 큰 키워드 아카이브

아카이브**archive**는 역사적 가치 혹은 장기 보존의 가치를 지닌 기록이나 문서들의 콜렉션을 의미하지요. 동시에 이러한 기록이나 문서들을 보관하는 장소나 시설 등을 의미하고요.

〈불멸의 키워드 상영관〉은 '작지만 큰 키워드 아카이브'입니다. 이 건축물의 두 개 핵심축 즉, 창조적 삶**creative life**과 창조적 리더십**creative leadership**을 뼈대로 해 다섯 개의 멀티플렉스복합상영관를 지었습니다.

각 복합상영관 이름은 **프롤로그 상영관, 북트레일러 상영관, 본편 상영관, 1,000편일류 상영관, 에센스 상영관**입니다.

맨 마지막 **에필로그 상영관**은 '끝맺는 말'을 틀어주는 단관극장입니다. 총 6부로 된 복합상영관의 상영관 수는 25개입니다.

1. 프롤로그 상영관

6개 관입니다. '머리글'을 상영합니다. 앞의 1관·2관에서 살펴보았듯이 이곳은 '제목·콘텐츠 톺아보기' 코너입니다. '불멸의 키워드 만들기 놀이' 사례도 두 개 상영합니다. 그리고 '훔치다 steal'의 은유를 설명합니다.

2. 북 트레일러 상영관

6개 관입니다. 인간에게 닥친 가장 슬픈 불운, 평생 일 안 하고 사는 비결, 평생 일 안 하는 창조적 두뇌 소유자, 아인슈타인의 성공 공식 **A=X+Y+Z**, 그리고 창조적 삶·리더십의 원천인 독서력·언어력의 위대함을 상영합니다.

3. 본편 상영관

영화 본편에 해당하며 6개 관입니다.

> **본편 상영관 1관** 콘텐츠 - '창조적 삶'을 위한 불멸의 키워드 **LIFE**입니다. '인생'을 의미하는 이 단어는 분리하면 좋아하다·지능·재미·변화입니다. 즉, Love, Intelligence, Fun, Evolution 등 네 개 키워드입니다.

> **본편 상영관 2관** 콘텐츠 - '창조적 삶의 태도'를 위한 불멸의 키워드 **RACE**입니다. '경주'를 의미하는 이 단어는 분리하면 독서·태도·비교·정수精髓입니다. 즉, Reading, Attitude, Comparison, Essence 등 네 개

키워드입니다.

본편 상영관 3관 콘텐츠 – '창조적 조직을 위한' 불멸의 키워드 **LIFT**입니다. '승강기'를 의미하는 이 단어는 분리하면 리더십·혁신·피드백·팀워크입니다. 즉, Leadership, Innovation, Feedback, Teamwork 등 네 개 키워드입니다.

본편 상영관 4관 콘텐츠 – '창조적 리더를 위한' 불멸의 키워드-1 **VIP**입니다. '귀빈·요인'을 의미하는 이 단어는 분리하면 비전·상상력·열정입니다. 즉, Vision, Imagination, Passion 등 세 개 키워드입니다.

본편 상영관 5관 콘텐츠 – '창조적 리더를 위한' 불멸의 키워드-2 **CSI**입니다. '사건현장조사·범죄현장조사'를 의미하는 이 단어는 분리하면 체인지메이커·스토리텔러·혁신가입니다. 즉, Change-maker, Storyteller, Innovator 등 세 개 키워드입니다.

우리가 '창조적 삶'과 '창조적 리더십'을 북돋우기 위해 공통으로 키워야 하는 네 개 핵심 역량도 꼽아보았습니다. **본편 상영관 6관**의 콘텐츠입니다.

본편 상영관 6관 콘텐츠 – '창조적 역량증진을 위한' 불멸의 키워드 **CICI**입니다. 이걸 분리하면 네 개의 불멸의 키워드가 되는데요, 호기심·상상력·창의력·혁신력입니다. 즉, Curiosity, Imagination, Creativity, Innovation입니다.

4. 1,000편일류 상영관

3개 관입니다. '입체적 사고의 비결: 이건희식 1,000편일류 영화 보기', '1,000편일류 명작 1,000편 보기', '칼럼으로 영화 톺아보기: 1,000편일류 명작 세 편'을 상영합니다.

명작 세 편은 '무명의 영웅'을 노래하는 〈히든 피겨스〉, '불멸의 아름다움'을 노래하는 〈일 포스티노〉, '위대한 삶의 목적'을 노래하는 〈인생은 아름다워〉입니다.

5. 에센스 상영관

3개 관입니다. 이곳에선 첫째, '창조적 삶'과 에센스 키워드 **ACE**를 상영합니다. 분리하면 재미·창의력·변화를 의미하는 Amusement, Creativity, Evolution입니다.

둘째, '성공 열쇠'와 에센스 키워드 **CPR**을 상영합니다. 분리하면 용기·부단함·독서를 의미하는 Courage, Persistence, Reading입니다.

셋째, '창조적 삶'과 에센스 명문장·명대사 세 개를 상영합니다. Do what you love, Be the miracle, Today is a gift에 관해 간략하게 해설합니다.

6. 에필로그 상영관

단관극장입니다. '끝맺는 말' 상영관입니다. 상영작은 '식스 어필과 빅 픽처'입니다. ✪

언박싱
삽화 이야기

삼성전자 갤럭시 S 시리즈의 2015년 모델은 삼성 갤럭시 S6Samsung Galaxy S6입니다. 출시할 때 장착한 슬로건은 'Next is Now'입니다. 형용사 'next'가 'Next is Now'에서는 명사입니다. 의미는 '가장 훌륭한 신상품the greatest new thing', '가장 위대한 새 혁신the greatest new innovation'입니다. 부사 'now'도 'Next is Now'에서는 명사입니다. 의미는 '현재·지금the present moment'. 그러므로 'Next is Now'는 '가장 혁신적이고 훌륭한 신상품은 삼성 갤럭시 S6이라는 뜻입니다.

한편, 삼성 갤럭시 S6의 해외용 홍보문구는 'Six Appeal'입니다. 성적 매력을 의미하는 'Sex Appeal'을 언어유희 한 것이지요. 당시 이 문구를 광고에서 처음 봤을 때 감탄했던 기억이 있습니다. – 이 책의 '에필로그 상영관' 중에서

제임스 딘James Dean, 1931~1955은 영화 〈이유 없는 반항 Rebel Without a Cause〉 등을 통해 미국 10대들의 환멸과 당대의 사회적 소외를 상징하는 아이콘으로 사랑받은 배우입니다. 교통사고로 사망한 그는 5년 경력이 전부지만 사후 아카데미 남우주연상 후보에 두 차례 오른 유일한 배우입니다. 해당 작품은 〈에덴의 동쪽 East of Eden〉과 〈자이언트 Giant〉입니다.

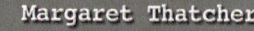

Margaret Thatcher

Watch your habits, for they become your character.

Watch your character; it becomes your destiny.

좋은 인격을 길러라, 인격이 운명을 만든다. -프랭크 아웃로

프롤로그 상영관 4관

불멸의 키워드 만들기 놀이 1
내 운명을 결정짓는 WATCH

누구나 '매혹적인 탈출'을 동경합니다. 이유와 대상지는 천차만별일 테겠고요.

아르헨티나 작가로 한때 부에노스아이레스 국립 도서관장이었던 호르헤 루이스 보르헤스Jorge Luis Borges, 1899~1986는 낙원을 이렇게 은유했습니다. 키워드는 도서관library과 낙원paradise.

'나는 항상 낙원이 일종의 도서관이 될 것이라고 상상해왔다.'

영문은,

I have always imagined that Paradise will be a kind of library.

'해변**beach**'도 많은 이에게 낙원일 게 분명해 보입니다. 뉴질랜드 출신 패션디자이너 에밀리아 윅스테드Emilia Wickstead, 1983~는 낙원을 이렇게 노래했습니다.

'탈출해서 해변에 조용히 앉아있는 것, 이것이 낙원에 대한 나의 생각이다.'

영문은,
To escape and sit quietly on the beach – that's my idea of my paradise.

그녀가 해변에서 책을 읽거나 새 디자인을 구상하는 등 창조적인 놀이를 즐기는 모습이 여러분 머릿속에 그려지지 않는지요. 누가 창작했는지는 모르겠으나 **beach**로 이토록 매혹적인 놀이를 했더라고요. 의미는, '스트레스를 날려 버릴 수 있는 최고의 방법은 해변에 가 있는 것.'

best **e**scape **a**nyone **c**an **h**ave

저도 이런 언어유희를 무척이나 즐긴답니다. 중요한 개념 다수를 누구나 쉽게 기억하게끔 한 개 단어로 조합하는 놀이 말이지요. 일테면 **a**musement재미, **c**reativity창의력, **e**volution변화을 **ace** 즉, 명수名手나 고수高手의 3요소로 조합하는 놀이처럼. 이런 놀이의 결실이 〈불멸의 키워드 상영관〉이고요.

ICT 사례는 또 어떨까요. 잘 아시듯이 본래 뜻이 정보통신기술Information and Communication Technology임에도 이걸 분리해 세 단어로 완성한 문장 즉, Ideas

Connect Technologies아이디어는 기술과 기술을 융합한다처럼 변주하는 놀이 말이지요.

우리의 운명destiny을 결정짓는 불멸의 키워드 다섯 개가 있습니다. 말**Words**, 행동**Actions**, 생각**Thoughts**, 인격**Character** 그리고 습관**Habits**입니다. 다섯 개 키워드를 첫 글자만 순서대로 조합해 누군가가 **WATCH**를 만들었습니다.

Words
Actions
Thoughts
Character
Habits

다시 말해 **WATCH**는 모든 이의 운명을 결정짓는 5요소 키워드입니다. 하지만 기억하기 좋게끔 다섯 단어를 **WATCH**로 조합했을 뿐 생각**Thoughts**에서 출발해 운명**Destiny**에 이르는 6요소는 아래 순서입니다.

Thoughts생각 → **Words**말 → **Actions**행동 → **Habits**습관 → **Character**인격 → **Destiny**운명

생각은 → 말이 되고 → 말은 행동이 되고 → 행동은 습관이 되고 → 습관은 인격이 되므로 이 다섯 단어가 '나'의 운명에 결정적으로 영향을 미친다는 뜻이지요. 우리 삶에 변화를 일으키고 우리 삶이 창의적으로 발전하게끔 이끄는

불멸의 키워드임이 틀림없지요.

WATCH를 비롯해 이 책이 상영하는 불멸의 키워드 즉, **LIFE**, **RACE**, **LIFT**, **VIP**, **CSI**, **CICI** 그리고 **ICT**, **ACE**, **CPR**과 다음 꼭지에 소개하는 **HILTON**은 모두 '단순화單純化로 큰 그림을 그리는 놀이'의 사례입니다. 이 책의 마지막 장인 **에필로그 상영관**도 불멸의 키워드가 '빅 픽처big picture' 즉, 큰 그림입니다. ★

언박싱
삽화 이야기

영화 〈철의 여인 The Iron Lady〉은 메릴 스트립이 영국 최초 여성 총리 마가렛 대처로 분한 작품입니다. 극 중 대처가 이렇게 고백합니다. 어릴 때 들려주시던 아버지의 아래 말씀이 자기를 만들었노라고.

Watch your thoughts; they become words.
Watch your words; they become actions.
Watch your actions; they become habits.
Watch your habits; they become character.
Watch your character; it becomes your destiny.

생각을 조심해라, 생각이 말이 된다.
말을 조심해라, 말이 행동이 된다.
행동을 조심해라, 행동이 습관이 된다.
좋은 습관을 들여라, 습관이 인격이 된다.
좋은 인격을 길러라, 인격이 운명을 만든다.

Watch your habits, for they become your character.

프롤로그 상영관 5관

불멸의 키워드 만들기 놀이 2
조직 운명 결정짓는 HILTON

'단순화'로 큰 그림 그리기 놀이

'모순형용어법矛盾形容語法, **oxymoron**'은 수사법에서, 의미상 서로 양립할 수 없는 말을 함께 사용하는 일, 이를테면 '침묵의 소리sound of silence'나 '불가능한 해결책impossible solution' 같은 표현입니다.

oxymoron은 그 자체로도 모순형용어입니다. 라틴어 두 개로부터 유래했거든요. '예리하다, 날카롭다' 즉, **sharp**라는 의미의 oxys와 '멍청한, 어리석은' 즉, **stupid**라는 의미의 morons가 결합한 것입니다.

이번 상영관에서 모순형용어법 이야기를 하려는 건 아닙니다. 연관성이 큰 여러 개념의 키워드를 기억하기 쉽게끔 '단순화單純化해서 큰 그림을 그리는' 놀이를 즐기자고 제안하는 거랍니다. 그러고 보니 앞의 표현 즉, '단순화로 큰 그림 그리기'도 모순형용어법 사례에 해당하지요.
'불별의 키워드 만들기 놀이 2'의 전범典範으로 이번에 소개할 모델은 **HILTON** 입니다.

HILTON

경제경영 전문지 〈포천 Fortune〉은 2023년에도 '세계에서 가장 일하기 좋은 기업 1위No. 1 World's Best Workplace'로 힐튼을 꼽았습니다. 2016년에 처음 이름을 올린 이후 8회 연속 선정됐다고 합니다.

전 세계에 46만 팀원을 거느린 힐튼의 사장 겸 최고경영자는 크리스토퍼 나세타Christopher J. Nassetta, 1964~입니다. 고등학생 때 그는 당시 아르바이트하던 한 호텔에서 막힌 변기를 뚫는 말단직 근로자였다고 합니다.
훗날 100년 역사를 자랑하는 거대한 호텔 그룹의 수장이 된 그는 호텔을 고성장 기업으로 키운 고위 경영진에서부터 청소 노동자나 주방 직원 등 말단 직원에게까지 사랑받고 있습니다. 비결이 무엇일까요.

나세타 회장이 취임했을 때 힐튼 패밀리들은 자만에 빠져있었다고 하는군요. 오랜 명성에 취해 있었고 고객을 위하여 회사에 변화를 일으키고 혁신하려는 의지가 허약해진 상태였다고 해요. 호텔업의 본질이 '사람이 사람에게 서비스하는 업'이라는 점도 잊고 있었다고 하고요.

나세타는 힐튼의 핵심 가치에 대해 직원들에게 물어봤습니다. 직원들 답은 저마다 달라서 가짓수가 30개에 이르렀다고 합니다. 기업 문화도 일관성이 없었고요.

나세타 회장은 이후 수많은 핵심 가치를 단순화해 정돈하고 통합해 '큰 그림'을 그려 '핵심 비전'을 정하였습니다. 힐튼 조직의 운명을 결정지은 여섯 개 핵심 키워드는 다름 아닌 그와 전 직원이 공유하는 **HILTON**입니다.

Hospitality 환대
Integrity 진실성
Leadership 리더십
Teamwork 팀워크
Ownership 주인의식
Now 지금 바로 ✪

프롤로그 상영관 6관

경험하자 · 훔치자
인간이 이룩한 최고의 것들

스티브 잡스(Steve Jobs, 1955~2011)는 2011년 10월 5일(향년 56세) 사망했습니다. 다음 해에 다큐멘터리 영화 한 편이 공개됐습니다. 제목은 '스티브 잡스: 잃어버린 인터뷰 Steve Jobs: The Lost Interview'.

스티브 잡스는 40세 때인 1995년 PBS 방송 다큐멘터리 시리즈물 〈컴퓨터 괴짜들의 승리 Triumph of the Nerds〉에 출연했습니다. 이 다큐멘터리엔 시리즈물 제목에 걸맞게 애플Apple 공동창업자 스티브 워즈니악Steve Wozniak, 1950~, 마이크로소프트Microsoft 창업주 빌 게이츠Bill Gates, 1955~ 그리고 마이크로소프트 전前 CEO 스티브 발머Steven Ballmer, 1956~ 등 컴퓨터 천재들이 출연했습니다. 공상 과학 시리즈물 〈은하계를 여행하는 히치하이커를 위한 안내서The Hitchhiker's Guide to the Galaxy〉의 작가 더글러스 애덤스Douglas Adams 등이 다큐멘터리 해설을 맡았고요.

'잃어버린' 인터뷰가 된 사연이 있습니다. 스티브 잡스를 인터뷰한 이는 작가 로버트 크링글리Robert Cringely, 1953~입니다. 그가 인터뷰를 진행한 건 1995년인데요, 딱하게도 그는 녹화본 테이프를 운반하던 중 분실했습니다. 다행히도 〈컴퓨터 괴짜들의 승리〉를 감독한 일원인 폴 센Paul Sen이 16년이 지난 2011년 자기 차고에서 미편집 인터뷰 영상을 발견했고요. 이게 원재료인 70분 분량 영화가 2012년 개봉했는데요, 참고로, '로튼 토마토Rotten Tomatoes'의 토마토 지수는 100%입니다.

정말 중요한 것이 무엇인지
스티브 잡스가 우리에게 말하다

스티브 잡스 사망 직후인 2011년 11월 경제잡지 〈포브스 Forbes〉는 기사를 써 인터뷰 내용을 요약했습니다. 앞 문구는 기사 제목입니다.

영문은,
    Steve Jobs Tells Us What Really Matters

인터뷰에서 스티브 잡스가 한 말을 핵심만 간추려 소개해봅니다.

    "인간이 이룩한 최고의 것들을 경험해보십시오. 그런 다음 그것들을 여러 분이 하는 일에 적용해보십시오."

영문은,

> Expose yourself to the best things that humans have done. And then try to bring those things into what you are doing.

스티브 잡스는 이 제안에 걸맞은 사례를 하나 들었습니다.

> "매킨토시를 위대하게 만든 것 가운데 하나는 매킨토시를 탄생시킨 사람들이 음악가, 시인, 예술가, 동물학자 그리고 역사가 등이었다는 점입니다. 또한 그들은 세계 최고 수준의 컴퓨터 과학자였습니다."

스티브 잡스는 '통섭형의 창조적 융합과 협업'을 강조하고 있는 것이지요. 과학과 인문학 분야 최고수들을 모아 그들의 최고 수준 기술력과 상상력을 융합해 만든 결과물이 매킨토시라는 뜻이고요.

스티브 잡스가 인터뷰한 해는 1995년입니다. 그의 컴퓨터 애니메이션 제작사 '픽사PIXAR'가 첫 장편 데뷔작 〈토이 스토리Toy Story〉를 개봉한 때는 1995년 11월입니다. 이 혁신적인 컴퓨터 애니메이션의 성공 여부가 초미의 관심사여서 그랬는지 스티브 잡스는 인터뷰 때 〈토이 스토리〉에 대한 홍보성 언급은 일절 안 했다고 하는군요.

인간이 이룩한 최고의 것을 '훔치자'

스티브 잡스는 같은 인터뷰에서 파블로 피카소의 명구를 소개했습니다. 바로 이것입니다.

'뛰어난 예술가는 모방하고 위대한 예술가는 훔친다.'

영문은,

Good artists copy, great artists steal.

'훔치다steal'는 무엇을 은유할까요. 위대한 예술가는 세상에 존재하는 훌륭한 아이디어에서 영감inspiration을 얻어 자기만의 새로운 걸 창조하는데요, 그걸 자신만의 독창적 아이디어original idea인 것으로 보이게 하는데 무척 능하지요. 우리도 어떤 멋진 아이디어를 소비하던 중 번쩍 영감이 떠올라 무언가 새롭고 놀라운 것something new을 만들곤 하지요. 이런 일련의 과정에 작동하는 행위가 은유적 표현인 '훔치다'입니다.

예를 들어볼게요. 자국 지폐에도 등장하는 벨기에 화가 제임스 앙소르James Ensor, 1860~1949는 기괴한 소재·느낌의 그림을 즐겨 그렸습니다. 그 가운데 하나가 1891년 작품 〈슬퍼하는 남자 The Man of Sorrows〉입니다.
오랫동안 머리카락과 수염을 손질하지 않은 남자가 피눈물을 흘리고 있습니다. 그런데 입꼬리는 양쪽 다 올라가 기괴하게 웃고 있는 형상입니다. 고통받고 고뇌하는 예수 모습이라는 게 정설입니다. 전체 그림을 압도하는 포도주

톤 색깔은 그로테스크한 분위기를 강화하고 있습니다.

제임스 앙소르의 〈슬퍼하는 남자〉는 화가 엘브렉트 보우츠Aelbrecht Bouts, 1452~1549의 동명同名 작품에서 영향을 받은 걸로 알려져 있는데요, 보우츠 작품의 인물도 고통받는 예수입니다.

서강대학교에서 철학을 전공했고 미술에도 무척 조예가 깊은 감독 박찬욱朴贊郁, 1963~이 〈올드보이 Oldboy〉의 남자주인공 오대수 캐릭터를 구상할 때 제임스 앙소르의 〈슬퍼하는 남자〉에서 영감을 얻었다고 전해집니다. 그게 사실이면 박찬욱 감독이 제임스 앙소르의 아이디어를 '창조적으로 훔친' 것이지요.

C.S. 루이스Clive Staples Lewis, 1898~1963의 소설을 각색한 영화 〈나니아 연대기 The Chronicles of Narnia〉 1편 〈나니아 연대기: 사자, 마녀, 그리고 옷장 The Chronicles of Narnia: The Lion, the Witch and the Wardrobe〉에서 숨바꼭질하던 아이들이 백색 마녀의 세계 나니아로 건너갑니다. 영원히 겨울이 지속되는 이 세계로 가는 통로가 장롱문입니다.

픽사 애니메이션 〈몬스터 주식회사 Monsters, Inc.〉는 괴물 나라 불청객들이 인간 세계 문을 통해 아이들 침실에 들어옵니다. 목적은 괴물 나라의 동력인 인간 아이의 비명悲鳴을 채집하는 것.

'쓸쓸하고 찬란한 신神'. 이 수식어를 앞세운 방송 드라마가 있습니다. 드라마 작가 김은숙이 대본을 쓴 〈도깨비〉이지요. 저승에서 온 자로 불멸의 삶을 끝내기 위해 인간 신부新婦가 필요한 김신. 자신을 '도깨비 신부'라고 주장하며 김신 앞에 등장한 대한민국 소녀 지은탁. 극에서 둘은 작고 예쁜 빨간색 문을 통해 캐나다 퀘벡을 넘나듭니다.

'문의 건너편에는, 모든 시간이 있었다扉の向こうには、すべての時間があった.' 이 홍보문구를 단 영화가 있으니, 일본 애니메이션 〈스즈메의 문단속 すずめの戶締とじまり, Suzume〉입니다. 〈너의 이름은〉, 〈날씨의 아이〉에 이은 신카이 마코토 감독의 재난 3부작 완결판입니다.

신카이 마코토 감독은 〈도깨비〉를 매우 재미있게 보다가 영감을 얻었다고 술회했는데요, 이 말이 맞는다면 감독은 〈도깨비〉의 '빨간색 문' 아이디어를 훔쳐 '재난의 문'을 만든 셈입니다.

감독이 창조한 캐릭터는 거대한 재해의 원인이 되는 '재난의 문'을 닫기 위해 고군분투하는 17세 소녀 스즈메. 그리고 소녀와 함께 힘난한 여정을 떠나는 신비의 청년 소토입니다.

우리가 일과 놀이에 적용할만한 가치가 높은, 국내외 위인들의 매혹적인 아이디어 사례를 이 책에 모아봤습니다. 스티브 잡스의 조언대로, 그들이 이룩한 최고의 발견 및 작품들의 사례로 상차림을 했습니다. 피카소의 명구대로, 그들의 어깨 위에 올라 이것들을 훔치는 창조적 놀이를 우리도 즐겨봅시다.

대답이 아니라 물음을 던지는 방법

〈불멸의 키워드 상영관〉이 소개하는 '창조적 두뇌 소유자'는 하나같이 언어력이 탁월하다는 공통점이 있습니다. 언어력이 탁월하다는 건 **CICI** 즉, 호기심 Curiosity, 상상력Imagination, 창의력Creativity 그리고 혁신력Innovation이 탁월함을 의미합니다.

'창조적 두뇌 소유자'는 또 어떤 공통점이 있을까요. 이 책 3부 본편 상영관 내용 중 창의력Creativity 꼭지에서 사회학자 해리엇 주커먼Harriet Zuckerman, 1937~은 이렇게 묻습니다.

"노벨상 수상자들은 살아가면서 핵심 멘토를 만났기 때문에 성공했을 텐데, 그들이 멘토에게 무엇을 배웠을까?"

해리엇 주커먼은 답을 찾기 위해 노벨상 수상자 94명을 대상으로 해 연구했습니다. 그녀가 찾은 답은 무엇일까요. 이렇게 힘주어 말하는군요.

"학문적 지식? 이건 맨 꼴찌였습니다. 그들이 멘토에게서 배운 건 바로 '대답이 아니라 물음을 던지는 방법'입니다."

이 책이 상영하는 다수 '창조적 두뇌 소유자'의 공통점은 그들이 다 우리에게 물음을 던지는 위인이라는 점입니다.

이어지는 2부 복합상영관 이름은 **북 트레일러 상영관**입니다. 영화 용어 트레일러trailer는 예고편입니다. 그러므로 도서의 핵심 정보를 창의적으로 요약해 편집한 북 트레일러book trailer는 영화 예고편처럼 책을 홍보하는 영상물입니다. 영화 용어에 '프로모 영상'이라는 것도 있지요. 프로모션 동영상promotional video의 줄임말이고요. '영화 홍보용 동영상'을 뜻하는 이 영상은 기본적으로 예고편을 포함해 제작사가 소비자 관객, 극장 경영자, 프로모션 협력업체, 방송사 등에게 제품, 서비스, 이벤트 및 판매를 홍보하기 위해 만든 마케팅 동영상입니다.

'영화 프로모 영상'을 벤치마킹한 명칭 **북 트레일러 상영관**은 **본편 상영관**이 왜 편성되었는지를 부가적으로 설명하는 콘텐츠입니다. 책 제목 '불멸의 키워드 상영관' 위에 앉힌 '책 콘셉트 홍보문구' 즉, '평생 일 안 하는 창조적 두뇌 소유자의 영어 키워드 아카이브'를 또닥또닥 해설하는 상영관입니다. ★

언박싱
삽화 이야기

'이세계異世界의 문'. 이것은 2024년 제96회 아카데미 시상식에서 장편 애니메이션상을 탄 미야자키 하야오 감독의 〈그대들은 어떻게 살 것인가君たちはどう生きるか〉에도 등장합니다. 영어 제목은 'The Boy and the Heron소년과 왜가리'. 원작은 요시노 겐자부로의 〈그대들은 어떻게 살 것인가〉. 인생의 의미, 삶의 목표와 삶의 가치 그리고 균형 있는 삶을 위한 선택 등의 교훈을 담은 이 책을 미야자키 하야오도 어릴 때 탐독했다고 하는데요, 영화는 내용을 대폭 각색했습니다.

화재로 어머니를 잃은 11살 소년 마히토는 아버지와 어머니의 고향으로 갑니다. 어머니를 향한 그리움과 새 보금자리에 적응하느라 힘들어하던 마히토 앞에 정체불명 왜가리가 나타나고, 저택에서 일하는 일곱 할멈은 왜가리가 산다는 탑에 얽힌 신비로운 이야기를 들려줍니다. 어느 날 마히토는 사라져버린 새엄마를 찾으러 탑에 들어가고, 왜가리가 안내하는 대로 '이세계異世界의 문'을 통해 모험을 시작하는데…

2 북 트레일러 상영관

이길여

Gil ya Lee, M.D.

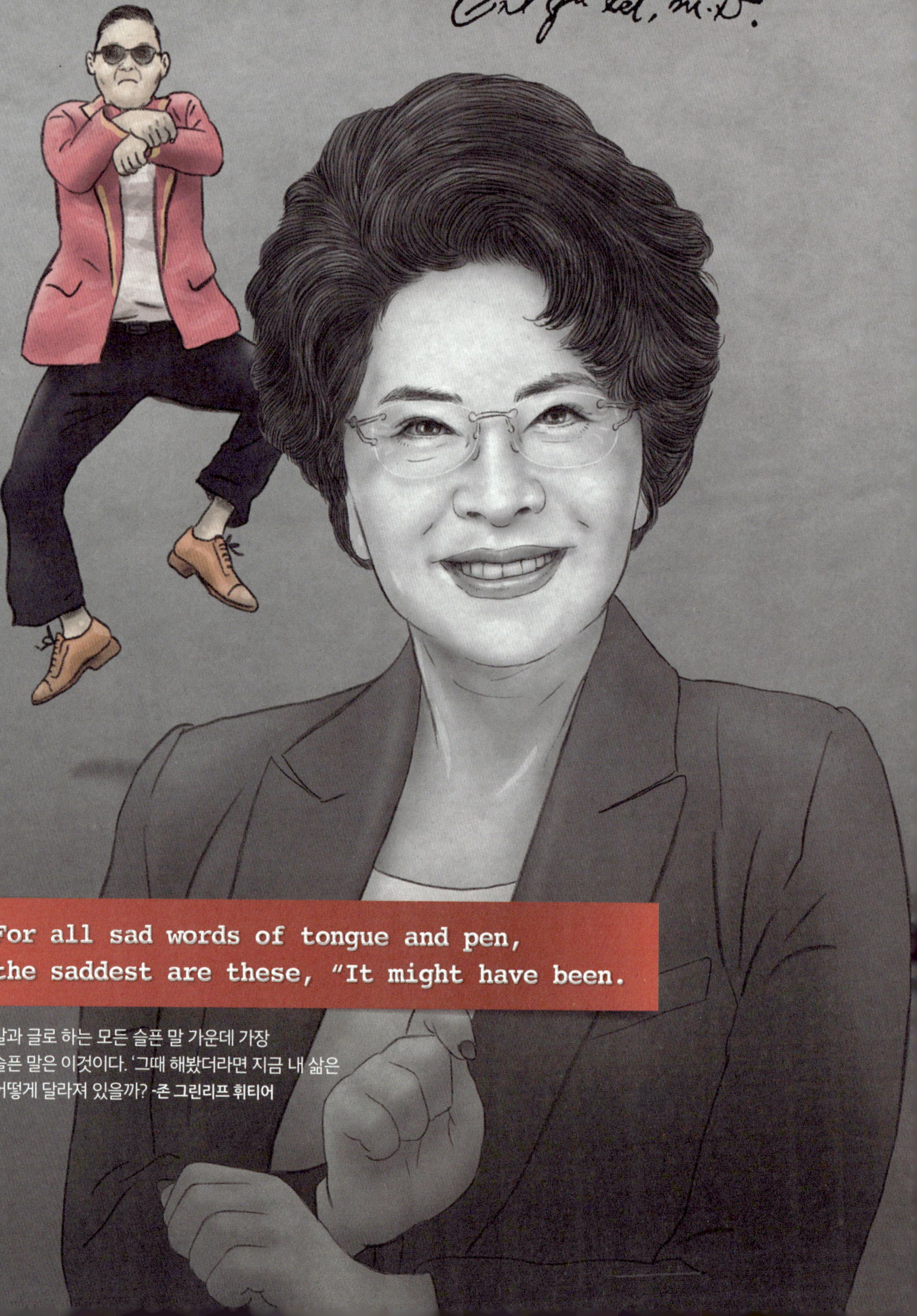

**For all sad words of tongue and pen,
the saddest are these, "It might have been.**

말과 글로 하는 모든 슬픈 말 가운데 가장
슬픈 말은 이것이다. '그때 해봤더라면 지금 내 삶은
어떻게 달라져 있을까? -존 그린리프 휘티어

북 트레일러 상영관 **1**관

모든 말 가운데 가장 슬픈 말
그때 해봤더라면…

"말과 글로 하는 모든 슬픈 말 가운데 가장 슬픈 말은 이것이다. '그때 해봤더라면 지금 내 삶은 어떻게 달라져 있을까?'"

영문은,

For all sad words of tongue and pen, the saddest are these, "It might have been."

이 명구는 하지 않은 선택에 대하여 '그때 해봤더라면…' 하고 탄식하는 이의 후회regret 혹은 슬픔sadness을 노래하는 외국 시의 한 대목입니다.
시인 이름은 존 그린리프 휘티어 John Greenleaf Whittier, 1807~1892. 작품명은 '모드 뮬러Maud Muller'.

시에서, 어느 마을 부유한 판사와 젊고 아름다우나 가난한 처녀는 서로에게 끌리는데도 매번 아무 말도 해보지 않습니다. 결국 둘은 세월이 한참 흐른 후

에야 '그때 맺어졌다면 지금 내 삶은 어떻게 달라져 있을까?' 하고 후회합니다.

꿈꾸던 걸 이루어보려 할 때
그걸 언제 시작하든 너무 늦음은 없다

누구든 이 '가장 슬픈 말'을 안 하고 산다는 건 불가능하겠지요. 이런 류 후회의 말 횟수와 슬픔의 크기를 줄여보려는 노력에 도움이 될 책을 써보고 싶었습니다.

살다 보면 자꾸 뒤돌아보면서 이루지 못한 옛적 꿈과 목표에 대해 후회하기 마련인 게 인생이지요. 하지만 꽃피지 못한 채 우리 마음속에 있는 그 무엇을 쫓기에 너무 늦는 때란 없는 법이고요.
내 삶에 긍정적인 변화를 일으키겠다는 의지로 매일 새롭게 하루를 시작하면서 '또 한 번의 기회'를 놓치지 않겠다고 하는 삶의 태도가 중요하겠습니다.

이와 같은 삶의 태도를 잘 응축한 글로 영국 소설가 조지 엘리엇George Eliot, 1819~1880의 명구가 있습니다.

> '당신이 꿈꾸던 걸 이루어보려 할 때 그걸 언제 시작하든 너무 늦음은 없다.'

영문은,

It is never too late to be what you might have been.

조지 엘리엇은 이 교훈과 관련해 보배로운 이 명구도 남겼습니다.

'얼마나 나이 들어도 당신 인생의 어느 시점에서든지 변화를 일으킬 수 있는 기회는 늘 있으니까 너무 늦는 때란 없다. 어떤 배경을 타고났든 당신은 항상 더 나은 방향으로 변화를 일으킬 수 있다. 당신만의 고유함을 안 잃는다면, 그리고 항상 최선을 다한다면 당신이 될 수 있는 모든 게 될 수 있다.'

핵심 중의 핵심 키워드 love

자유롭고 행복하게 살기 위해 우리가 가슴에 꼭 새겨야 할 불멸의 키워드로 한 개만 꼽아보라면 저는 이것입니다.

love

여기, 어리디어린 보육원 소녀가 있습니다. 아이는 수줍음이 많아 잘 어울리질 못합니다. 그러다 보니 따돌림받기 일쑤입니다. 원장은 아이를 딴 데 보내버리고 싶은 마음이 굴뚝 같습니다.
어느 날 해 질 무렵. 아이가 까치발로 보육원을 빠져나가더니 듬성듬성 드러난 정원의 나무뿌리 속에 쪽지 하나를 숨겨놓고 돌아옵니다. 원장은 꼬투리가 한 개만이라도 잡혀라, 하는 마음에서 타조걸음으로 달려가 쪽지를 꺼내 펼칩니다.
사랑이 고픈 아이의 마음을 읽고 원장은 삶의 태도에 변화를 일으킬까요.

'이 편지를 발견하는 분께: 사랑해요.'

영문은,
To anybody who finds this: I love you.

이 책이 꼽는 불멸의 키워드 **love**는 '사랑하다'가 아닙니다. '좋아하다'입니다. 좋아하는 것, 하고 싶은 걸 하는 자유**freedom**와 좋아하는 것, 하고 싶은 걸 재미있게 즐기는 행복**happiness**은 누구나 향유하고 싶은 삶의 소중한 가치이지요.
중요한 건, 자유롭고 행복한 삶의 뿌리일 뿐 아니라 창조적 삶의 뿌리가 재미**fun**라는 점입니다. 재미야말로 자유와 행복의 핵심입니다. 더 중요한 건 이런 재미의 시작이 호기심이고, 우리가 나서 죽는 순간까지 호기심의 유효기간은 무기한이라는 점입니다.

아인슈타인이 말했습니다.

'아무리 나이 들더라도 늙지 말라. 우리가 태어난 위대한 신비 앞에서 늘 호기심 많은 아이처럼 서 있기를 절대 멈추지 말라.'

영문은,

> Do not grow old, no matter how long you live. Never cease to stand like curious children before the Great Mystery into which we were born.

가천. 한자는 '嘉泉'. 의미는 '아름다움이 샘처럼 솟아남'. 1932년생 의료인으로 '창조적 두뇌 소유자'인 이길여李吉女의 아호입니다. 가천대학교 길병원 설립자이자 가천대학교 총장인 그녀가 2023년 5월 대학 축제에서 춘 싸이의 '강남스타일' 말춤이 무척 화제가 됐지요. 올해 91세인 그녀가 한 매체로부터 건강 비결에 대해 질문을 받고 이렇게 말했습니다.

> "내 건강의 기준은 나이가 아니라 지금 내가 하고 싶은 일을 할 수 있느냐, 할 수 없느냐예요." ✪

Wislawa Szymborska

DO WHAT YOU LOVE WHAT YOU DO

WISLAWA SZYMBORSKA

Freedom is doing what you love.
Happiness is loving what you do.

자유는 좋아하는 것을 하는 것이고
행복은 당신이 하는 일을 사랑하는 것이다. -레이 브래드버리

북 트레일러 상영관 **2**관

인간에게 닥친
가장 슬픈 불운

노벨문학상 대大 시인의 '주의력 결핍'

'저는 결점이 아주 많습니다, 하지만 장점도 하나 있습니다. 그건 매사에 호기심curiosity을 가지는 것입니다. 제 삶의 원동력은 바로 그것입니다.'

폴란드 태생으로 1996년 노벨문학상을 수상한 대시인 비스와바 심보르스카 Wislawa Szymborska, 1923~2012의 말입니다.
그녀는 노벨문학상을 탄 작가 가운데 우리나라 독자가 가장 많이 사랑하는 시인입니다. 우리말로 번역된 대표작은 시선집 〈끝과 시작〉이고요.
그녀 시 「첫눈에 반한 사랑 Love at First Sight」은 폴란드 영화감독 크지슈토프 키에슬로프스키Krzysztof Kieślowski, 1941~1996가 '세 가지 색 삼부작 The Three Colors Trilogy' 가운데 〈세 가지 색: 레드 Three Colors: Red〉를 만들 때 영감을 준 작품입니다.

스페인 출신 문학 전문 기자 사비 아옌과 사진기자 킴 만레사가 지은 인터뷰집 〈16인의 반란자들〉에서 대시인은 시 「주의력 결핍」을 통해 호기심을 이렇게 예찬禮讚했습니다.

> 어제 난 우주에서 못되게 굴었다
> 온종일 아무것도 묻지 않고 아무것에도 놀라지 않고 지냈다
> 그저 일상적인 움직임이었다
> 마치 내가 해야 했던 유일한 것처럼.

호기심은 창조자가 한 번뿐인 생을 재미있게 살라며 인간에게 내려준 선물입니다. '프로메테우스의 불'은 창의력creativity을 은유하는데, 이 역량의 핵심 원천이 호기심이니까요. 대시인은 이걸 허투루 썼다고, 하루를 재미없게 보냈다고 고백한 것이지요. 잠들기 전 그녀가 우주에서 못되게 군 어느 하루를 차근차근 복기하다가 자신을 향해 으르렁대는 모습이 여러분 눈에 그려지지 않는지요.

인간에게 닥친 가장 슬픈 불운

비스와바 심보르스카의 노벨문학상 수상 소감문 중 한 토막을 소개합니다. '인간에게 닥친 가장 슬픈 불운'에 관한 내용입니다. 번역 전문全文은 그녀의 시선집 〈끝과 시작〉에 수록돼 있습니다.

'이 지구상에 사는 사람들 대부분은 생존의 수단으로 일합니다. 혹은 일해야 한다는 의무감 때문에 일합니다. 스스로 의지와 열정으로 일을 선택한 것이 아니라 삶의 조건들이 그들을 대신하여 선택을 내리곤 합니다.'

영문은,

> Most of the earth's inhabitants work to get by. They work because they have to. They did not pick this or that kind of job out of passion; the circumstances of their lives did the choosing for them.

'좋아하지 않는 일, 지겨운 일, 그나마 그런 일조차 못 하는 사람들이 많다는 걸 알기에 어쩔 수 없이 가치를 인정하는 수밖에 없는 일, 이런 일에 종사한다는 것은 '인간에게 닥친 가장 슬픈 불운 가운데 하나'일 것입니다.'

영문은,

> Loveless work, boring work, work valued only because others haven't got even that much—this is one of the hardest human miseries. ✪

Tim Cook

Do what you love and you'll never have to work a day in your life.

좋아하는 걸 하면서 살면 평생 하루도 일 안 해도 된다. -아서 자스메리

북 트레일러 상영관 **3**관

'평생 일 안 하고 사는' 비결

행복은 지금 하는 걸 재미있게 즐기는 것

평생 하루도 일 안 하고 사는 길이 있을까요. 이 명구가 비결을 알고 있습니다.

'좋아하는 걸 하면서 살면 평생 하루도 일 안 해도 된다.'

영문은,

Do what you love and you'll never have to work a day in your life.

'Do what you love.' 즉, '좋아하는 걸 하라', '하고 싶은 걸 하라'는 의미로 위대한 명제입니다. 그렇게 하노라면 놀이하듯 재미있어서 일이 노동으로 여겨지지 않을 테니까요.

'좋아하는 것을 한다' 또는 '하고 싶은 것을 한다'의 본질은 '자유freedom입니다. 그래서 이렇게 또 하나의 명구가 탄생하였고요.

   '자유는 좋아하는 것을 하는 것이다.'

영문은,
   Freedom is doing what you love.

한편, 이런 명구도 있습니다.
   'Love what you do.'

의미는,
(일, 공부, 놀이 등) 네가 하는 걸 재미있게 즐겨라.

이렇게 산다는 건 행복happiness의 본질이지요. 그리하여 또 하나의 명구가 탄생하였습니다.

   '행복은 네가 하는 걸 재미있게 즐기는 것이다.'

영문은,
   Happiness is loving what you do.

한편, '평생 하루도 일 안 하는 비결'에 반론을 제기하는 의견도 존재합니다.

자기 일을 사랑하는 건 분명 멋진 일이지요. 일할 때뿐만 아니라 일터를 나설 때마다 성취감과 만족감을 느끼는 추가 보상도 얻을 수 있으니까요.

하지만 이걸 곧이곧대로 받아들이기에는 너무 매력적으로 들린다는 게 반론의 골격입니다. 2019년 봄 애플의 최고경영자 팀 쿡Tim Cook, 1960~은 루이지애나주 뉴올리언스에 소재한 툴레인대학교 졸업식 연설 때 이렇게 일갈했습니다.

100% 헛소리다

> "'좋아하는 걸 하고 살면 평생 하루도 일 안 해도 된다'라는 말이 있다. 나는 그게 '100% 헛소리'라는 걸 애플에서 배웠다."

영문은,

> There is a saying that if you do what you love, you will never work a day in your life. At Apple, I learned that is a total crock.

팀 쿡의 연설을 더 들어봅니다.

> "'100% 헛소리'가 안 되려면 당신이 '열정을 쏟아부을 수 있는' 직업을 찾아 즐겨야 한다. 그러면 당신은 열정적으로 일할 것이고, 그렇게 일할 때 일을 기꺼이 즐겁게 받아들일 것이므로."

핵심 메시지는 이것이지 않을까요. 그의 조언대로 중요한 건, 단순히 좋아한다는 이유에서만 직업으로 찾을 게 아니라 자신의 목적·열정·강점이 한데 어우러질 수 있는 그런 일을 가지도록 하는 게 최우선으로 중요한 거겠지요.

'번아웃burnout'은 의미의 본질이 소진燒盡입니다. 이것에서 유래한 '번아웃 증후군burnout syndrome'은, '한 가지 일에 몰두하면 사람이 극도의 피로감으로 인해 무기력증, 심한 불안감 그리고 자기혐오 등에 빠지는 것'을 의미하고요. 이런 상태가 되지 않으려면, 창의적으로 재미있게 일하려면 어떻게 하는 게 필수일까요. 처음부터 자신의 가치관에 부합하는 일을 찾고 일정 수준 이상의 성취감을 안겨주는 직업을 가지기 위해 노력하는 게 최우선 아닐까요. ★

언박싱
삽화 이야기

베일에 가려진 전복적 거리 예술가 뱅크시Banksey는 예술계의 판을 뒤집어 놓았기에 게임체인저game changer입니다. 타임TIME지가 2010년 세계에서 가장 영향력 있는 100인의 한 명으로 뱅크시를 선정했습니다. 버락 오바마, 스티브 잡스, 레이디 가가와 어깨를 나란히 하였고요. 그는 타임지에 실물 사진 대용으로 '종이 봉지를 자기 머리에 씌운' 것을 제공한 바 있습니다.

뱅크시는 이런 주장도 했습니다. "대학에 갈 필요도 없고, 무겁게 포트폴리오를 지참해 다닐 필요도 없고, 허름한 갤러리에 필름 꾸러미를 우편으로 보낼 필요도 없고, 영향력 있는 자와 침실에 들 필요도 없다."

대표작 〈풍선과 소녀 Girl with Balloon〉가 옥션에서 약 16억 원에 낙찰된 직후 분쇄기로 작품 아랫부분을 파쇄하는 퍼포먼스가 큰 화제가 됐습니다. 현대 미술의 상업성을 꼬집은 건데요, 분쇄기가 제대로 작동하지 않아 실패한 퍼포먼스가 됐지만 그로 인해 뱅크시의 작품성과 화제성은 더 주목받아 경매가도 훨씬 높아졌고요.

북 트레일러 상영관 **4**관

'평생 일 안 하는' 게임체인저

창조적 두뇌 소유자

레오나르도 다빈치
알베르트 아인슈타인
스티브 잡스

세 사람의 공통점 하나는 이들이 다 게임체인저^{game changer}라는 사실입니다. 게임체인저는 '엄청난 변화를 일으킬 정도의 혁신적 아이디어를 가진 사람이나 기업'을 가리키는 용어이지요.

공통점 또 하나는 이들의 평전을 모두 월터 아이작슨^{Walter Isaacson, 1952~}이 썼다는 점입니다.
월터 아이작슨이 누구인가 하면요, 〈타임 TIME〉 편집장과 CNN 대표를 지내는 등 주류 언론계에서 30년 가까이 활약한 베테랑 기자 출신 미국 저술가입니다. 2023년엔 테슬라·스페이스X CEO 일론 머스크^{Elon Musk, 1971~}의 평전을 썼고요.

그에게 우리나라 한 매체가 질문했습니다.

"당신이 평전 대상을 정할 때 가장 중시하는 인물의 특성은 무엇입니까?"

월터 아이작슨이 세 개를 꼽았습니다.

>   Imagination
>   Creativity
>   Thinking different

'상상력'이 뛰어난 인물인가, '창의력'이 뛰어난 인물인가, '다르게 생각하기'를 즐기는 인물인가.

ICT는 '정보통신기술Information & Communication Technology'의 두문자어頭文字語이지요. 저는 이 ICT에 '아이디어는 기술과 기술을 융합한다'라는 의미를 부여해봤습니다.

>   **I**deas **C**onnect **T**echnologies.

혹시 발견하셨을까요. 월터 아이작슨이 '평전 대상을 정할 때 가장 중시하는 인물의 특성 키워드 세 개' 즉, '상상력·창의력·다르게 생각하기'의 영어단어 첫 글자들로 조합하면 **ICT**가 되거든요.

Imagination
Creativity
Thinking different

모름지기 이런 특성이 뛰어난 인물이면 누구나 일을 놀이처럼 하고, 그런 뜻에서 평생 일 안 하는 창조적 두뇌 소유자일 것입니다. 재미있는 삶과 창조적인 삶을 살 것입니다. 이런 사람은 조직에서 핵심 인력으로 꼽힐 뿐만 아니라 창조적 리더의 지위에 있을 게 틀림없을 것입니다.

ICT의 시작은 **Imagination**입니다. '상상력'의 위대함에 대해 설파한 아인슈타인의 명구를 소개합니다.

'The true sign of intelligence is not knowledge but imagination.'

의미는, '지능의 진정한 징표는 지식이 아니라 상상력이다.'

아인슈타인은 암기·사실의 축적보다 창의성·독창적 사고 original thinking의 가치를 앞세웁니다. 지식을 기반으로 해 경계를 확장하고, 혁신을 촉진하고, 새로운 앎과 이해의 영역에 진입하게 이끄는 힘은 상상력이니까요. ✪

북 트레일러 상영관 5관

아인슈타인의 인생 성공 공식
A=X+Y+Z

일을 놀이처럼, 놀이를 일처럼, 그리고…

한 기자가 알베르트 아인슈타인Albert Einstein, 1879~1955에게 물었습니다.

"인생에서 성공하기 위한 최고의 공식이 뭐라고 생각합니까?"

영문은,

What do you consider the best formula for success in life?

아인슈타인은 약간 어색해하고 약간 수줍어하며 진지하게 미소 짓고는 잠시 생각에 잠기다가 대답했습니다. 이렇게!

"A=X+Y+Z"

이어 그가 설명합니다.

"A는 인생의 성공, X는 일, Y는 놀이라고 해야 할 것 같군요."

그러자 기자가 묻습니다.

"그럼 Z는 뭐죠?"

아인슈타인의 대답은 무엇일까요?

"입 다물고 있는 겁니다."

영문은,

That is keeping your mouth shut.

'입 다물다'라는 건 묵언수행默言修行 즉, 일부러 말하지 않음으로써 수행하는 행위처럼 '말하지 않는다'의 '묵언默言하다'가 아닙니다.
굳이 안 해도 될 말을 해 창피당하거나 낭패 보는 일이 있지요. 특히 정치인이나 연예인 같은 유명인·공인이 방송 등 언론에 나와 괜한 말로 면을 구기곤 하는데요, '입 다물기'는 그런 사람에게 귀감龜鑑이 될 충고입니다.

앞의 이야기는 1929년 8월 〈뉴욕타임스 The New York Times〉에 실린 기사입니다. 기자는 이런 논평을 보탰더군요.
"아인슈타인의 '인생 성공 공식'에서 성공의 첫 번째 요소 X는 일입니다. 근면勤勉하지 않으면 성공은 불가능하니까요. 성공의 두 번째 요소인 Y는 놀이로, 이건 일의 효율성을 좌우하는 조건이므로 똑같이 필수입니다."

성공에 이르는 '단계'와 '계단'의 은유

Plan purposefully.
Prepare prayerfully.
Proceed positively.
Pursue persistently.

계획을 세우십시오, 목적의식을 가지고.
준비하십시오, 기도하는 마음으로.
전진하십시오, 긍정적 자세로.
추구하십시오, 끈기 있게.

자기계발서 저술가 윌리엄 아서 워드William Arthur Ward, 1921~1994의 제언提言입니다. '성공(또는 성취)을 위한 4단계Four Steps to Achievement'라고 일컬어집니다.

전부 **P**로 시작하는 동사를 탁월하게 활용하였지요. 단계별 의미를 새겨보노라면 자연스럽게 '계단'이 연상되지 않는지요.
'성공 빌딩'에는 승강기가 없습니다. 누구나 한 계단씩 딛고 끈기 있게 올라야 정상에 도달하는 계단만이 존재합니다. 이때, '계단'의 은유는 차곡차곡 쌓아 올린 책book이지 않을까요. '계단 오르기'는 끈기 즉, 부단함persistence의 은유이지 않을까요.

바위를 뚫고 지나가는 건 물의 부단함 때문

이 대목에서 부단함·끈기의 위대함에 관한 '불멸의 명문장'을 소개하고 싶습니다.

'용기 없이는 다른 어떤 덕목도 지속해서 실천할 수 없다. 그러므로 용기는 모든 덕목 가운데 가장 중요하다.'

1969년 자전적 이야기 〈새장에 갇힌 새가 왜 노래하는지 나는 아네I Know Why the Caged Bird Sings〉를 지은 미국 국민시인 마야 안젤루(Maya Angelou, 1928~2014)의 글입니다. '부단함'의 핵심 요소가 용기임을 짚어주고 있지요.

영문은,

Courage is the most important of all the virtues because without courage, you can't practice any other virtue consistently.

미국 작가 할 볼랜드Hal Borland, 1900~1978는 '부단함의 위대함'을 이렇게 노래하고 있습니다.

'나무를 알면 인내의 의미를 알 수 있습니다. 잔디를 알면 끈기를 높이 평가할 수 있습니다.'

영문은,

Knowing trees, I understand the meaning of patience.
Knowing grass, I can appreciate persistence.

마지막으로 소개할 '부단함의 명구'는 미국 기업가 제임스 N. 왓킨스James Arthur Watkins, 1963~의 글입니다. '끈기 있게 계속 노력하면 큰일을 이룰 수 있다'라는 의미의 사자성어 수적천석水滴穿石도 같은 의미이지요.

'강이 바위를 뚫고 지나가는 것은 강의 힘 때문이 아니라 강의 부단함 때문이다.'

영문은,

A river cuts through rock, not because of its power, but because of its persistence. ⭐

북 트레일러 상영관 **6**관

'창조적 삶과 리더십' 원천
독서력 · 언어력

내 언어의 한계가 나의 세계의 한계

오스트리아 태생 영국 철학자 루트비히 비트겐슈타인Ludwig Josef Johann Wittgenstein, 1889~1951의 위대한 명구를 소개합니다.

'나의 언어의 한계가 나의 세계의 한계다.'

영문은,

The limits of my language are the limits of my world.

불멸의 키워드는 언어language입니다. 언어력을 키우면 누구나의 세계가 창의적으로 더 커진다는 게 함의含意입니다. 언어력을 키우는 게 왜 중요한지에 대해 설파하는 글로 철학자 프랜시스 베이컨Francis Bacon, 1561~1626의 명구도 있습니다.

독서는 완전한 사람을 만들고
회의는 준비된 사람을 만들고
글쓰기는 정밀한 사람을 만든다.

영문은,

> Reading makes a full man.
> Conference makes a ready man.
> Writing makes an exact man.

리더십과 자기 계발 전문 강사 찰스 트리멘더스 존스Charlie Tremendous Johns, 1927~2008는 50년 넘게 사람들이 독서**reading**를 통해 각자의 삶에 변화를 일으킬 수 있도록 돕는 리더입니다. 그가 남긴 명구도 빠트릴 수 없겠습니다.

'당신이 지금 만나는 사람과 읽고 있는 책이 훌륭하지 않다면 5년 후 당신 삶은 지금보다 나아지지 않을 것이다.'

영문은,

> You will be the same person in five years as you are today except for the people you meet and the books you read.

책·사람을 동일체로 은유한 명구도 있습니다. 영국 태생 영화배우 엠마 톰슨 Emma Thompson, 1959~의 탁견입니다.

'책은 당신이 가장 필요로 할 때 당신의 삶에 등장할 거라는 면에서 사람과 같다고 생각한다.'

영문은,

I think books are like people, in the sense that they'll turn up in your life when you most need them.

이처럼 언어**language**, 독서**reading** 그리고 책**books**이 불멸의 키워드인 루트비히 비트겐슈타인, 프랜시스 베이컨 그리고 엠마 톰슨 등의 명구는 창의성을 증진하고, 내 앎이 얼마나 부족한지 깨닫고, 내 인생의 책 또는 내 인생의 사람과 가까이하는 게 우리의 창조적 삶에 얼마나 중요한지를 설파하는 시금석試金石이지요.

'나'만의 독창적 걸음걸이를 찾자

이와 같은 키워드나 명구가 우리 가슴에 심어주려는 메시지를 매우 잘 담은 영화의 하나로 저는 〈죽은 시인의 사회 Dead Poets Society〉를 꼽습니다. 영화 이야기를 틀어드리기 전에 저의 졸시 「용감한 부모」부터 소개합니다.

애-애-애

들킬 짓 아닌데

가슴에 화살이 박히는 아이

지금 책 읽을 시간이 어딨어
학원 숙제나 해

내 아이 책 읽을 시간에 쏘아 꽂는
무지하게 용감한 부모의 활

내 아이 호기심에도 한 발
내 아이 상상력에도 한 발
내 아이 창의력에도 한 발

가슴에서 화살을 뽑아 든 아이가
책 읽을 시간 죽이는 '사교육'에서
글자 한 개 뽑고 내민다

사육

용감한 부모가 더 많이 적어져야 하겠습니다. 대학 진학률 끌어올리기에만 혈안이 돼 제자의 진짜 꿈을 향해 레이저를 쏘는 학교 경영자도 적어져야 하겠고요. 〈죽은 시인의 사회〉는 그런 부모와 교사에게 내미는 일종의 레드카드 영화입니다.

75% 넘게 아이비리그 대학에 진학하는 웰튼Welton 고등학교 학생들은 학교명을 헬튼Hellton이라고 비틉니다. '지옥 고등학교'인 건데요, 비극적 결말의 복선으로 기능합니다.

이 학교의 네 개 교훈을 소개합니다.

> **Tradition** 전통
> **Honor** 명예
> **Discipline** 규율
> **Excellence** 탁월함

학생들은 각 단어 첫 글자에 맞추어 Travesty희화, Horror공포, Decadence퇴폐, Excrement배설라고 교훈을 희롱합니다. 질풍노도 청춘기의 일탈적 욕망을 암시하려는 영화적 설정이지요.

오, 캡틴! 나의 캡틴!

학생들과 영어 교사 존 키팅은 운명적으로 맺어집니다. 파격적인 첫 만남 장면부터 독창적입니다. 키팅이 탁자 위에 서서 월트 휘트먼 시 「오, 캡틴! 나의 캡틴! O Captain! My Captain!」을 낭송하곤 자기를 '마이 캡틴'이라 부르게 합니다.

    이어서 키팅은 제자들이 로버트 헤릭의 시 「처녀들이여, 시간을 활용하길 바라노라 To the Virgins, to Make Much of Time」의 첫 연을 낭송케 합니다.

그대들이 할 수 있을 동안에 장미 꽃봉오리를 따 모아라,
나이 든 시간은 끊임없이 도망치고 있다;
오늘 활짝 웃고 있는 이 꽃이,
내일이면 죽어가고 있을 것이니.

키팅은 이 시의 교훈이 라틴어 '카르페 디엠Carpe Diem'이고, 그 의미가 '현재를 즐겨라'임을 가르치면서 영어로는 'Seize the day'라고 설명합니다.

키팅은 이렇게 강조합니다. '언어의 맛을 배우면 세상과 자기에 대해 다르게 생각하는 법을 배우게 된다.' 이런 배움이야말로 생을 독창적이고 특별하게 만드는 길이지요. 이 대목에서 불멸의 명대사가 나옵니다.

'Words and ideas can change the world.'

의미는,
언어와 생각은 세상에 변화를 일으킬 수 있다.

이 문장을 떠올릴 때면 우리는 자연스레 표도르 도스토옙스키 소설 〈백치 Idiot〉의 명문장, 즉 'Beauty will save the world'를 떠올리게 되지요.

의미는,
아름다움이 세상을 구할 것이다.

자유, 도덕, 정의, 사랑, 평화 그리고 공정 등 모든 위대한 미美는 언어·생각의 창작물입니다. 솔제니친도 선배 대문호의 이 명구를 인용해 노벨문학상 수상 소감문의 제목으로 삼았고요.

그런데 많은 학부모는 '세상을 구하고 세상에 변화를 일으킬' 잠재적 인재인 자녀들이 책을 못 읽게 강제합니다. 아이디어를 만드는 무기가 상상력인데, 이걸 키워 즐기려면 언어와 더 친해져야 하는데 왜 언어의 위대함을 간과하는 걸까요.

시를 읽는 이유는 우리가 인류의 일원이기에…

키팅은 시를 읽는 이유도 가르칩니다.

> "시가 아름다워 읽고 쓰는 게 아니야. 우리가 인류의 일원이기 때문에 읽고 쓰는 거야. 의학, 법률, 경제, 기술은 삶을 유지하는 데 필요하겠으나 시와 미美, 낭만 그리고 사랑 등은 삶의 목적인 거야."

시의 중요도·완성도를 따져 시에 점수를 매기거나, 점수 따기용으로 시를 외우는 입시교육 방식에 반대하는 키팅은 그런 방식을 권장하는 교과서인 〈시의 이해〉 머리말을 통째 찢으라고 제자에게 지시합니다.

키팅은 제자들도 탁자에 올라서 보게 합니다. 다르게 생각하는 법과 세상을 다르게 보는 법을 가르치는 장면이지요. 로버트 프로스트의 시 「가지 않은 길 The Road Not Taken」을 낭송하곤 남이 걷는 길을 맹목적으로 따르는 삶은 경계하라고도 일깨웁니다. 이 대사가 백미입니다.

'각자의 걸음걸이를 찾기 바란다.'

영문은,

I want you to find your own walk.

키팅은 규율에 따르는 '획일적' 걸음걸이 대신 '독창성'을 은유하는 '각자의' 걸음걸이로 바꿔보라고 가르친 겁니다. 획일화의 위험에 길들어가는 제자들의 태도에 그가 경종을 울리려 한 겁니다. ⭐

언박싱
삽화 이야기

파란색과 빨간색 책 두 권이 서로 기대어 있습니다. '사람 인人' 형상입니다. 〈논어 論語〉의 대미를 장식하는 문장은 '부지언 무이지인야 不知言, 無以知人也'입니다. '말을 알지 못하면 사람을 알아볼 수가 없다'라는 의미로 '말이 곧 사람의 됨됨이'라는 뜻이지요. 〈논어〉의 스무 번째 마지막 장「요왈 堯曰」 3편에 나옵니다.

언론인 출신으로 20여 년간 〈논어〉와 〈주역〉, 〈한서〉, 〈태종실록〉 등 동양 고전을 번역하고 강의해 온 이한우는 〈이한우의『논어』강의〉에서 이렇게 해설합니다. "다른 사람이 하는 말을 알지知言 못하면 사람을 알아볼知人 수가 없다." 아울러 그는 정약용의 풀이를 소개합니다. "말을 안다는 것은 남의 말을 듣고서 그 심술의 사악하고 바른 것을 알게 됨을 이른다." '지언지인知言知人'은 〈논어〉를 대표하는 불멸의 키워드 중 하나이지요.

한편, 〈맹자孟子〉에서 공손추公孫丑가 묻고 맹자가 답합니다. "어떠해야 말을 안다知言라고 할 수 있습니까?"(공손추) "편벽된 말을 들었을 때 그것이 숨기고 있는 게 무엇인지를 알고, 방탕한 말을 들었을 때 그것이 어떤 함정에 빠져 있는지를 알고, 간사한 말을 들었을 때 그것이 실상과 얼마나 괴리되어 있는지를 알고, 둘러대며 회피하는 말을 들었을 때 그것이 얼마나 (논리적으로) 궁한지를 아는 것이다."(맹자)

3 본편 상영관

본편 상영관 **1**관

'창조적 삶'을 위한
불멸의 키워드

LIFE

LOVE

INTELLIGENCE

FUN

EVOLUTION

자유라는 연료가 불타야
창의력이 나온다

인생을 말하거나 논할 때 우리가 빠트리지 않는 키워드가 많이 있습니다.

먼저 자유 freedom

월드 클래스 축구선수 손흥민의 아버지 손웅정 씨가 tvN 〈유퀴즈〉에 출연해 말한 은유를 소개합니다. 불멸의 진리입니다.

'자유라는 연료가 불타야 창의력이 나온다.'

자유란 하고 싶은 걸 하는 것, 좋아하는 걸 하는 것이지요. 앞에서 익힌 영문을 소환해봅니다.

Freedom is doing what you love.

아들 손흥민이 창의적 축구선수로 크도록 이끈 핵심 원동력의 하나가 앞 문장임을 알 수 있겠습니다. 재미fun와 창의력creativity은 떼려야 뗄 수 없는 관계이니까요. 재미가 창의력의 뿌리이니까요.

이번엔 심장 heart

키워드 자유freedom와 심장heart도 떼려야 뗄 수 없는 관계입니다.

Follow your heart.

의미는 '네 가슴이 이끄는 삶을 살거라'. 픽사와 월트디즈니가 만든 장편 애니메이션 〈메리다와 마법의 숲 Brave〉의 주제문입니다.

무대는 스코틀랜드의 어느 왕국. 어린 공주 메리다는 활쏘기와 말타기를 무척 좋아합니다. 그걸 할 때 제일 재미있어합니다. 하지만 왕비는 그걸 못하게 합니다.
메리다는 숲의 마녀에게 찾아가 간청합니다. "엄마가 변하게 해주세요." 마녀는 '저주 마법'을 겁니다. 왕비가 곰이 돼버립니다. 공주는 '엄마가 생각이 바뀌게 해달라'고 간청한 건데….
이제 메리다는 목숨 걸고 엄마 목숨을 지켜줍니다. 활쏘기와 말타기 솜씨로 늑대 무리를 거꾸러트릴 때면 엄마의 눈이 휘둥그레집니다.
대단원에서 딸이 좋아하는 걸 즐기며 자유롭고 행복하게 살아가길 바라는 왕비가 딸에게 해주고 싶은 말은 이것이지 않을까요. 'Follow your heart'와 같은 뜻이므로.

Do what you love.

'**heart**'는 용기라는 뜻도 있지요. 좋아하는 걸 하며 살려면 용기**courage**가 필요하지요. 이 또한 불멸의 진리입니다.

여기, 98차례나 '출판할 뜻이 없음'을 통보받은 소설이 있습니다. 제목은 '레슨 인 케미스트리Lessons in Chemistry'. 미국 작가 보니 가머스Bonnie Garmus, 1957~가 64세에 낸 첫 소설입니다.

2022년 4월. 99번 만에 계약이 성사됩니다. 소설의 출판권 계약금은 자그마치 220만 달러. 뉴욕타임스에 74주, 아마존에 60주 이상 베스트셀러에 올랐는데요, 세계적으로 1,000만 부 넘게 팔렸습니다.
무대는 1960년대 미국. 주인공은 화학 석사 학위를 딴 엘리자베스 조트. 여성이라는 이유에서 학자로 대우받지 못하자 혼자 딸을 키우며 생계를 꾸려가기 위해 그녀가 주부들을 위한 요리 프로그램 진행자로 변신합니다. '요리는 화학'이라고 가르치는 그녀가 아직 꿈을 이루지 못해 낙담하는 이들에게 들려주는 말이 있습니다.

'두려움을 느낄 때마다 이것만 기억하세요. 용기는 변화의 뿌리라는 것을요. 우리는 변화할 수 있게 화학적으로 설계된 존재라는 것을요. 그러니 내일 일어나면 이걸 다짐하세요. 더 이상 머뭇거리지 말자고. 내가 성취할 수 있는 것과 내가 성취할 수 없는 것을 다른 이의 의견에 따라 규정하지 말자고. 당신의 미래를 디자인하세요. 그러곤 시작하세요.'

'용기는 변화의 뿌리다.'

이 핵심 문장의 영문은,

Courage is the root of change.

이번엔 인생 life

'Live your life.'

직역하면, '네 삶을 살라'. 함의는? 이걸 알아보기 위해 우리는 스티브 잡스를 만나야 하겠습니다.

'네 가슴이 이끄는 삶을 살라'는 건 '다른 사람 인생'을 살지 말고 '네 인생'을 재미있게 살라는 뜻이지요. 그래서 스티브 잡스가 이 말을 하였고요.

'다른 사람의 인생을 사느라 여러분 인생을 낭비하지 마십시오.'

영문은,

Don't waste your time living someone else's life.

스티브 잡스는 'Follow your heart'를 실천하려면 가장 중요한 조건이 있으니, 그건 '용기**courage**를 내는 것'이라고 했습니다. 그가 이렇게 말했지요.

'당신 가슴을 따르는 삶을 살아갈 용기를 가지십시오.'

영문은,

Have the courage to follow your heart.

이번엔 변화 evolution

혁명revolution에서 'r'을 뺀 게 evolution이지요. 의미는 점진적 발전이나 진전입니다. 변화입니다.

더 큰 꿈을 향해, 더 높은 목표를 향해 더 큰 성취와 성장을 향해 끊임없이 변화하려면 삶의 어떤 태도가 필수일까요. 끈기 또는 부단함**persistence**이지 않을까요. 앞에서 소개한 명구를 소환해봅니다. 강river이 물water로 표현된 게 다르지요.

'물이 바위를 뚫고 지나가는 건 물의 힘 때문이 아니라 물의 부단함 때문이다.'

영문은,

> Water cuts through rocks, not because of it's power, but because of it's persistence.

이번엔 '낙관주의' 은유하는 레모네이드 lemonade

'삶이 당신에게 레몬을 주면…'

영문은,

> When life gives you lemons…

때는 2022년 9월 18일. 축구선수 손흥민이 프로축구클럽 레스터 시티를 상대로 해 경기에 나섰습니다. 월드클래스 공격수인데도 선발 아닌 후반전 교체 선수로….

이전 여덟 경기에서 손흥민은 한 골도 득점하지 못했는데요, 마음고생이 얼마나 심했을까요. 그런데 놀랍게도 대략 13분 만에 그가 연속 세 골을 넣어 해트트릭을 달성했습니다.
경기 직후 그가 트위터에 올린 미완성 문장이 앞글인데요, 완전체 문장은 이겁니다.

> 'When life gives you lemons, make lemonade.'

의미는,

삶이 그대에게 레몬을 주거든 그것으로 레모네이드를 만들어라.

날 거로는 먹기 어려운 레몬은 시련이나 역경의 상징입니다. 한편 달고 시원한 레모네이드는 시련을 이겨내게 하는 힘으로 낙관주의 optimism를 상징하고요. 낙관주의자는 상대적으로 창의력이 더 뛰어납니다. 창의력이 뛰어나면 변화를 위한 도전 정신과 용기도 더 뛰어납니다.

앞 문장을 두 단어로 변환하면 **Be optimistic**입니다. '낙관주의적으로 생각하고 낙관주의자의 삶을 살라'는 뜻이지요.

'**본편 상영관 - 1관**'의 핵심 키워드 **LIFE**를 분리한 네 개 키워드는 좋아하다, 지능, 재미 그리고 변화입니다. 즉, **L**ove, **I**ntelligence, **F**un, **E**volution입니다.

언박싱
삽화 이야기

미국 뉴요커들이 2023년에 가장 열광하며 읽은 책이 보니 가머스의 〈레슨 인 케미스트리 Lesson in Chemistry〉입니다. 뉴욕의 공공 도서관들이 2023년에 가장 많이 대출해간 책 순위를 조사한 결과 1위에 오른 책입니다.

한국계 미국 소설가 이민진은 2017년 '조선 여인의 이민사 이야기'를 다룬 책 〈파친코 Pachinko〉를 내 뉴욕타임스 등에서 '올해의 책 톱10'으로 선정됐지요. 2022년 애플 TV+가 드라마로도 제작했고요. 요리와 과학을 맛있고 영양가 풍부하게 버무린 '여인 이야기' 〈레슨 인 케미스트리〉도 애플 TV+가 드라마로 제작했습니다.

드라마에서 주인공 엘리자베스 조트 배역을 맡은 연기자는 브리 라슨입니다. '그녀는 모든 인종의 여성이 직면하는 도전에 대하여 간명한 관점을 제시하면서도 우리가 가능한 한 최고의 자아를 발휘하도록 도전 욕구를 북돋운다'라고 미국 평단이 쓰고 있습니다.

LOVE 좋아하다

창의력의 존재 이유

'재미·변화'를 가로막는 방어벽 뚫기

창의력이 존재해야 하는 가장 위대한 이유는 재미**fun**입니다. 또 하나는 변화 **change**이고요. 무엇을 하든 창의적 성과를 내는 비결은 '좋아하는 걸 하는 것' 입니다. '좋아하는 걸 하는 것이 자유Freedom is doing what you love'라면 '지금 하는 걸 재미있게 즐기는 것이 행복Happiness is loving what you do'이고요.

영화 〈슈팅 라이크 베컴Bend It Like Beckham〉의 주인공은 자유도 행복도 모두 고파합니다. 축구를 좋아하는 데 그걸 못 하게끔 부모가 자식 앞에 방어벽을 세우거든요. 영화는 이 방어벽을 뚫는 과정과 방법을 따라갑니다. 그러면서 부모와 자식이 어떻게 변화하는지를 그립니다.

먼저, 제목 이야기부터. 원제原題 'Bend It Like Beckham'은 월드 클래스 축구선수 데이비드 베컴처럼 궤적이 휘는 프리킥을 차라는 뜻이지요.
2023년 AFC 카타르 아시안컵 8강전에서 호주를 상대로 해 손흥민이 '신의 한 수' 역전 골을 넣었습니다. 이때처럼 프리킥으로 득점 가능성을 높이려면 상대 팀 수비수의 방어벽을 뚫는, 휘다가 꺾이는 킥을 절묘하게 차야 하지요. 영화에서 주인공의 프리킥을 가로막는 방어벽은 관습적 통념입니다.
이 의미임은 영화 홍보문구 즉, '꿈을 이루려면 때로는 통념을 깨거나 바꿔야 한다'가 잘 밝혀줍니다.

영문은,

    Sometimes, to fulfill your dreams, you must 'bend' the rules.

통념을 깬다는 건 때로는 권위에 저항하는 도전입니다. 이 영화는 부모의 권위에 맞서는 주인공의 '지혜로운 도전'을 응원하는데요, 그렇다면 이 영화에서는 무엇이 관습적 통념이기에 주인공이 그토록 좋아하는 축구를 부모가 못하게 막는 걸까요.

무대는 영국 어느 중산층 마을. 인도계 고등학생 제쓰의 꿈은 베컴처럼 유명한 축구선수가 되는 것. 문제는 그녀가 여자라는 사실. 어머니는 딸이 속살을 드러낸 채 망아지처럼 날뛰는 꼴을 상상조차 하기 싫어합니다.
한때 우간다에서 크리켓 선수로 활약했으나 영국에 와 꿈을 접어야 했던 아버지도 다르지 않습니다. 자기처럼 딸이 차별받을까 봐 걱정스러운 겁니다. 낙담해있는 제쓰의 인생에 줄리엣이 등장합니다. 자기랑 공 차자며 이렇게 충고합니다.

"나도 엄마가 반대하거든. 근데 난 축구 하거든. 그러니 너도 네 삶을 살아."

'네 삶을 살아Live your life'는 좋아하는 걸 하며 재미있게 살라는 게 함의입니다. 그래야 창조적 삶을 살 수 있으니까요. 제쓰는 부모 몰래 아마추어 여자축구부에 가입합니다. 하지만 경기장에 들어가야 할 때 머뭇거립니다. 어릴 때 허벅지에 생긴 큰 화상을 드러내기 싫었던 겁니다.
감독은 자기의 부상 흔적을 보여줍니다. 축구선수 꿈을 접게 한 부상입니다. 그러면서 위로합니다. "그래도 넌 공을 찰 수 있잖아." 제쓰는 용기 내 운동에 열중합니다. 하지만 둘러대기도 유통기한이 있는 법. 들통나 부모에게 호통을 듣습니다. 결국 꿈을 접으려는 순간 감독이 조언합니다.

"널 위해 뭐가 최상일지 부모가 늘 잘 아는 건 아냐."

영문은,

Parents don't always know what's best for you.

드디어 결승전 날. 줄리엣과 제쓰를 다 스카우트하고 싶어 하는 미국 명문대 학팀 감독도 와있습니다. 아뿔싸, 하필 제쓰 언니의 결혼식 날과 겹칠 줄이야.

예식 도중에 빠져나오는 제쓰. 교체 선수로 들어가 후반에 손흥민처럼 그림 같은 프리킥을 차는데….
어머니가 노발대발합니다. 이때, 줄곧 반대해온 아버지가 뜻밖의 말을 하는 게 아니겠습니까.

"포기하면 누가 제일 크게 상처 입을까? 너야. 포기하는 건 너 자신이니까."

그렁그렁해진 딸의 눈을 보며 아버지가 말을 잇습니다. 이어서 제쓰가 아버지 품에 와락 안깁니다.

"내 딸은 포기하지 않고 꼭 해내거라. 네가 경기하는 걸 몰래 본 적 있는데 훌륭하더구나, 실력이….” ★

언박싱
삽화 이야기

테이프로 벽에 붙여둔 바나나를 한 남성이 떼어서 껍질을 벗겨 먹습니다. 2019년 미국 플로리다주 마이애미의 아트바젤 전시장에서 일어난 '코미디 같은' 사건입니다. 바나나를 먹은 이는 뉴욕에 거주하는 아티스트 데이비드 다투나. 바나나를 테이프로 붙여 전시한 아티스트는 이탈리아 미술가 마우리지오 카텔란. 작품 제목은 '코미디언'. 12만 달러에 한 프랑스 수집가가 구입한 작품입니다.

아트바젤의 기획자는 언론사 마이애미헤럴드에 이렇게 말했습니다. "그걸 떼어내 먹는 관객의 행동까지 염두에 둔 관객 참여형 퍼포먼스를 기대하고 만든 작품입니다." 영상으로 찍어 먹방까지 한 다투나는 '바나나 먹기 퍼포먼스'를 기획하는 단계에서 자신의 행위를 변호해줄 변호사까지 미리 섭외했다고 하는데요, 버거킹은 테이프로 벽에 감자튀김을 붙인 광고를 제작하기도 했습니다.

흥미로운 패러디 중엔 미켈란젤로의 '아담의 창조'를 변주한 것도 있는데요, 아담은 바나나를 내밀고 있고 창조주는 그에게 청테이프를 주고 있는 아이디어입니다.

INTELLIGENCE 지능

창의력은 지능을 재미있게 쓰는 역량

3월 14일은 아인슈타인 탄생일

'파이 데이**Pi Day**'는 1988년 샌프란시스코 과학박물관 엑스플로라토리움 Exploratorium의 직원 래리 쇼가 처음 만든 축제일입니다. 수학 상수 'π'를 기념하기 위해 해마다 열리는 행사입니다. 이를 위해 지정한 날짜는 3월 14일. 3, 1, 4가 'π'의 처음 세 개 숫자이기 때문이지요.

우리나라와 일본은 3월 14일이 화이트데이로 남자가 여자에게 초콜릿을 선물하는 날이지요. 한편 이날 서양 사람들은 파이를 먹으며 파이 암송 대회를 열거나 지능intelligence을 뽐내며 어려운 수학 문제를 푸는 놀이를 하고요.

여러분, 그거 아세요. 1879년생 알베르트 아인슈타인의 탄생일이 3월 14일임을….

그가 우리에게 이 명구를 선물했습니다.

'창의력은 지능을 재미있게 쓰는 역량이다.'

영문은,
　　Creativity is intelligence having fun.

이 명구에서 'having fun'이 빠지면 안 됩니다. **intelligence** 즉, 지능 자체로는 창의성·창의력의 필요충분조건이 못되기 때문이지요. 관건은 재미**fun**.

'한 치의 쇠붙이로도 사람을 죽일 수 있다는 뜻으로, 간단한 말로도 남을 감동하게 하거나 남의 약점을 찌를 수 있음을 이르는 말'이 사자성어 촌철살인寸鐵殺人이지요. 좋은 사례로 피타고라스의 명구를 소개합니다.

'떠벌리는데도 내용은 적은 말을 하지 마라. 아껴 말하는데도 내용이 많은 말을 하라.'

영문은,

Do not say a little in many words but a great deal in a few.

아인슈타인처럼 언어력이 뛰어난 위인의 촌철살인 명구를 우리가 즐겨 익히는 것도 피타고라스의 이 가르침을 실천하는 첩경이지 않을까요.

앞 사례 속 함의를 음미해본 것처럼 우리가 짤막한 문장인데도 깊고 넓은 의미를 더 잘 이해하기 위해선 평소 언어력을 키우는 인문학 공부, 인문학적 사유 그리고 문학적 상상력을 키우고 즐겨야 하겠지요.

인생은 새로운 경험에 도전하는 것

영화 〈월터의 상상은 현실이 된다 The Secret Life of Walter Mitty〉를 대표하는 촌철살인 문장은 이겁니다.

Life is going into the unknown.

무슨 의미일까요.

영화에서 월터는 곧 폐간되는 잡지 〈라이프 **LIFE**〉의 사진 편집자입니다. 특별히 뭔가에 재미를 들여본 적도, 새로운 뭔가에 도전해본 적도 없는 그가 일생일대 막중한 임무를 맡게 됩니다. 마지막 호 표지에 실리기로 돼 있는 어느 세계적 사진작가의 필름이 배달 사고로 증발했는데요, 그걸 찾아오는 게 월터의 임무입니다.

문제는 연락이 끊겨 어디 있는지도 모르는 사진작가를 그가 반드시 찾아내야 한다는 것. 무모해 보이는 이 도전 앞에서 포기하려는 '소심남' 월터를 향해 그가 짝사랑하는 직장동료가 이렇게 응원합니다. "Life is going into the unknown."

의미는,

  '인생은 새로운 경험에 도전하는 거예요.'

월터가 임무 수행을 위해 자신의 지능**intelligence**과 상상력**imagination**을 얼마나 창의적으로 재미있게 쓰는지는 스포일러여서 가려둡니다. ★

언박싱
삽화 이야기

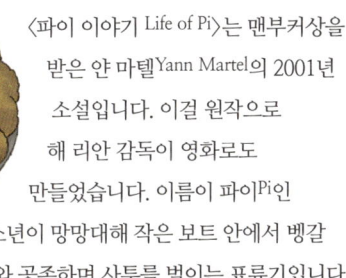

〈파이 이야기 Life of Pi〉는 맨부커상을 받은 얀 마텔Yann Martel의 2001년 소설입니다. 이걸 원작으로 해 리안 감독이 영화로도 만들었습니다. 이름이 파이Pi인 소년이 망망대해 작은 보트 안에서 벵갈호랑이와 공존하며 사투를 벌이는 표류기입니다.

영화 도입부에는 '오줌'을 연상케 하는 이름 때문에 급우들에게 따돌림당하던 파이가 칠판에 보란 듯이 3.14159265385979323846264333......를 적는 장면이 있습니다. 이후론 급우들이 파이를 우러러보게 되는데요, 서양엔 해마다 3월 14일에 모여 파이처럼 원주율 외우기 놀이를 비롯하여 어려운 수학 문제를 푸는 놀이 문화가 있지요.

한편, 서양 사람들이 해마다 5월 4일에 즐기는 놀이 문화가 있습니다. 바로 조지 루카스에 의해 창조된 영화 〈스타 워즈〉를 기념하는 '스타 워즈의 날Star Wars Day' 놀이입니다. 이날 다양한 〈스타워즈〉 의상으로 멋을 내는 사람들이 애용하는 캐치프레이즈가 있습니다. 'May the Fourth be with you5월 4일이 함께 하길'입니다. 〈스타워즈〉 시리즈의 명대사인 'May the Force be with you포스가 함께 하길'과 발음이 유사하지요.

FUN 재미

행복의 반대는 '재미없게 살기'

재미있는 생각이 재미있는 삶 창조

"두 마디 말 정도는 해도 됩니다."

한 청년 수도사가 수도회에 들어간 지 5년 후 수도원장이 그에게 한 말입니다. 이곳 규칙은 '말을 하지 않아야 하는 것'이거든요. 수도사가 입을 엽니다.

"침대가 딱딱해요."

다시 5년 후 수도원장이 '두 마디는 해도 된다'라고 하자 수도사가 말합니다.

"음식이 차가워요."

다시 5년 후엔 수도사가 이렇게 말합니다.

"이곳에서 나가겠습니다."

그러자 수도원장은 청년 수도사의 부정적인 삶의 태도를 이렇게 꼬집습니다.

"당신은 이곳에 온 후 불평만 하는군요."

이런 명구가 있습니다.

'내 생각이 나의 삶을 창조한다.'

영문은,

Our thoughts create our lives.

긍정적 태도가 삶의 중요한 가치임을 강조하고 있지요. 영화 〈예스맨 Yes Man〉은 'No'를 남발하며 사는 주인공 칼이 쳇바퀴같이 따분한 일상으로부터 어떻게 탈출하는지를 그린 코미디입니다.

주인공 칼은 저축대부조합에 다닙니다. 3년 전 이혼해 혼자 삽니다. 승진 심사에는 번번이 떨어집니다. 그러자 삶의 의미와 재미를 잃은 채 무기력해집니다. 외톨이 생활을 즐기는 그가 딱해 보여 친구들은 그에게 '친목'을 권합니다. 칼은 칼같이 '침묵'으로 회피합니다.

노동이든 취미 활동이든 그걸 재미있게 즐겨야 행복한 삶이건만 그동안 자신이 얼마나 행복하지 않게 살았는지 깨달은 칼은 친구가 건네준 광고지의 문구를 들여다봅니다.

'YES'로 인생을 바꾸는 법을 배우십시오.

영문은,
Start learning to say YES to life.

수도회에 처음 들어가던 청년 수도사의 심정으로 칼이 광고지 문구에 이끌려 자기계발 프로그램 강연장에 들어갑니다. 다행히 칼은 수도사와는 다릅니다. '노'보다 '예스'를 더 자주 쓰겠다고 결심하기 때문입니다. 이제 칼은 긍정적 기운을 흡수하고 부정적 기운은 배출합니다. 새로운 것들과 재미있는 것들을 향해 눈을 떠갑니다.

'단어 하나가 모든 걸 바꿀 수 있다.'

영문은,
One word can change everything.

이 명구대로 한 단어인 'Yes'가 칼의 부정적 태도를 긍정적 태도로 바꾸어놓습니다. 수도원장도 젊은 수도사가 이와 같은 기적의 시작이 'Yes'임을 깨닫길 바랐던 건 아닐지요. ★

EVOLUTION 변화

기적은 노력해서 변화하는 것

인생을 사는 두 가지 방식

이 소제목으로 시작하는 알베르트 아인슈타인의 명구가 있습니다.

> '인생을 사는 방식엔 두 가지만 있다. 하나는 어떤 것도 기적이 아닌 것처럼 사는 것이고 다른 하나는 모든 게 기적인 것처럼 사는 것이다.'

영문은,

> There are only two ways to live your life. One is as though nothing is a miracle. The other is as though everything is a miracle.

톰 새디악 감독의 코미디 드라마 〈브루스 올마이티 Bruce Almighty〉는 키워드가 기적 miracle입니다.

주인공 브루스 놀란은 뉴욕주 도시 버팔로의 TV 방송국 리포터입니다. 그의 삶은 아인슈타인이 말한 두 가지 가운데 전자일까요, 후자일까요? 흥미롭게도 '후자 → 전자 → 후자'로 삶의 방식이 변화합니다.

마음씨 따뜻하고 입담까지 좋은 브루스의 주특기는 시민들이 만들어가는 소박하고 훈훈한 스토리를 발굴해 소개하는 것. 지금은 비록 붙박이 리포터이지만 그에게도 꿈이 있습니다. 앵커가 돼 스튜디오에서 일하는 건데요, 보도국장도 그의 장밋빛 꿈을 향해 '엄지척'을 해 보입니다.

과연 브루스에게 곧 희소식이 생길까요. 아니라는 건 영어 제목 'Bruce Almighty'가 잘 보여줍니다. Almighty God은 전지전능한 신입니다. 배열을 뒤집은 God Almighty는 '젠장'이나 '빌어먹을'. 브루스의 인생이 된통 꼬이게 됨을 암시하는 제목이지요.

꿈에도 그리던 앵커 자리는 사내 경쟁자 에반 백스터가 꿰차버립니다. 성실하고 착실한 브루스가 반칙과 아첨의 달인에게 기회를 뺏긴 겁니다.

머리꼭지에 불이 붙은 브루스는 이제 '백스터 Baxter'를 대놓고 '백스태버'라고 부릅니다. 등 back에 '칼을 찌른다 stab'가 합쳐진 게 'backstab'이고 '백스태버 backstabber'는 등 뒤에서 비열하게 '중상모략하는 자'이거든요.

하루는 브루스가 하늘을 향해 이렇게 소리칩니다.

'신이시여, 왜 저를 미워하나요?'

왜 자기에게만 기적을 안 내려주느냐고 항의하는 겁니다. 그의 불만을 듣고 창조자가 친히 지상에 내려옵니다.

'1주일간 신이 될 수 있다면 당신은 뭘 하겠습니까?'

이 영화의 홍보문구입니다.

영문은,
If you could be a God for one week, what would you do?

창조자가 브루스에게 음, 뭐랄까요, 핸드오프handoff를 제안합니다. '바통 터치'의 올바른 표현입니다. 1주일간 휴가를 가려는 신이 브루스에게 직무 대행을 맡기려고 합니다. 대신 조건이 따릅니다. 신의 능력을 발휘하더라도 두 가지는 절대 해선 안 된다는 것. 과연 브루스는 이 약속을 잘 지킬까요. 무슨 경고인지는 가려둡니다.

브루스는 전지전능한 능력을 마음껏 써먹습니다. 사발에 든 토마토수프를 눈빛만으로도 갈라 뚝딱 '홍해의 기적'을 일으킵니다. 자기 동네에 소행성을 떨어트리고는 맨 먼저 달려가 TV 방송 카메라 앞에 섭니다. 특종 현장에는 항상 그가 제일 먼저 출동합니다. 그렇다 보니 이런 별명을 얻습니다. 미스터 특종 Mr. Exclusive.

브루스는 누구 기도든, 어떤 기도든 다 들어줍니다. 그 결과 세상은 대혼란에 빠집니다. 자신의 변화가 변질임을 깨달을 무렵 사고를 당합니다. 브루스의 영혼이 신과 마주합니다. 신은 한 말씀 남기곤 사라집니다.

"문제를 해결할 답은 자네 스스로 찾게."

브루스가 참회합니다. 한눈팔며 이기적으로 산 나날을 반성합니다. 신은 결정적 교훈을 말해줍니다. 초심으로 돌아온 그가 다시 리포터로 뛰며 이웃의 작고 정겨운 스토리를 찾아다닙니다.

찬송가 노랫말처럼 '한때 길을 잃고 눈멀어 방황했건만 새 눈과 삶을 찾아준' 창조자의 놀라운 은총도 경험합니다. 창조자의 결정적 충고란 이것입니다.

'기적을 보고 싶나? 자네가 기적이 되게.'

영문은,

You want to see a miracle? Be the miracle, son.

'자네가 기적이 되게'. 이것은 '노력하여 달라지면 그 변화의 결과가 기적'이라는 뜻입니다. 그리고 보면 우리는 다 스스로 변화를 만들어가는 기적의 주인공입니다.

이런 종교적 명구가 있습니다.

'신은 내려주십니다. 믿음이 있는 이에게 기적을. 신념이 있는 이에게 용기를. 꿈이 있는 이에게 희망을. 타인을 품어주는 이에게 사랑을.'

영문은,

God gives miracles to those who believe, courage to those with faith, hope to those who dream, and love to those who accept. ✪

본편 상영관 2관

'창조적 삶의 태도'를 위한
불멸의 키워드

RACE

READING
ATTITUDE
COMPARISON
ESSENCE

너 자신의
경주를 하여라

비교하기 좋아하는 까마귀 우화

숲에 까마귀 한 마리가 있습니다. 자기 삶에 절대적으로 만족하던 이 까마귀가 어느 날 백조를 보더니 감탄합니다.

> "이 백조는 너무 하얗고 난 너무 까맣잖아. 백조는 세상에서 가장 행복한 새인 게 틀림없어."

이 말을 듣고 백조가 말합니다.

> "난 두 가지 색을 가진 앵무새를 보기 전까진 내가 제일 아름답고 행복한 새라고 믿었어. 이젠 앵무새가 세상에서 가장 행복하고 운이 좋은 새라고 생각해."

앵무새에게 가 백조의 말을 옮겼더니 앵무새가 말합니다.

"난 공작새를 보기 전까진 행복하게 잘 살았어. 그런데 이젠 아냐. 나는 색이 두 개뿐인데 공작새는 여러 가지거든."

까마귀는 공작새를 만나러 동물원에 갑니다. 사람 수백 명이 공작새를 보려고 모여있습니다.

"공작새야, 넌 정말 아름답고 인기가 많구나. 너와 비하면 난 운이 좋지 않고 너만큼 행복하지도 않아. 날 보면 사람들이 심지어 돌멩이를 던져서 나를 들입다 쫓아내려고 해. 난 네가 세상에서 가장 행복한 새 같아."

슬픈 눈으로 듣고 있던 공작새가 말합니다.

"난 내가 세상에서 제일 아름답고 행복하다고 생각했어, 하지만 내 아름다움 때문에 난 여기 갇혀있는걸. 내가 보고 경험하기론 난 네가 세상에서 제일 운 좋은 새라는 걸 깨달았어. 난 감옥에 갇혀있고 언제 무엇을 해야 할지 항상 지시받고 행동해야 해. 넌 새장에 갇히지 않고 날개를 펼쳐 원하는 곳 어디든 자유롭게 날아갈 수 있는 몇 안 되는 새 가운데 하나잖아."

마지막 문장의 영문은,

You are one of the few birds that are not kept in a cage and are free to spread your wings and fly anywhere you wish to.

너 자신의 경주를 하여라

이 꼭지 제목이지요.

영문은,

    Run your own race.

경주마는 양 눈 둘레가 알맞게 가려진 채로 달립니다. 곁에서 달리는 경쟁마가 자기 눈에 들어오지 않게 하려는, 그리하여 전방만 보고 질주하게 하려는 기수의 조치이지요. 'Run your own race'의 함의는 다음 문장의 뜻과 맞잡이입니다.

    '너를 다른 누구와도 비교하지 말라.'

영문은,

    Don't compare yourself to anyone.

'비교하지 않는 삶'을 위해 제가 제안하는 키워드 네 개는 독서, 태도, 비교, 정수입니다. 즉, **R**eading, **A**ttitude, **C**omparison, **E**ssence입니다. 그러므로 네 개 단어의 첫 글자를 조합한 이번 상영관의 간판이 키워드 **RACE**입니다. ✪

언박싱
삽화 이야기

드림웍스DreamWorks는 1994년에 창립한 이후 줄곧 '드림웍스 SKG'로도 일컬어졌습니다. 엔터테인먼트 업계의 전설적 삼총사인 영화감독 스티븐 스필버그Steven Spielberg, 애니메이션 제작자 제프리 카첸버그Jeffrey Katzenberg, 레코드 회사 경영자 겸 영화 프로듀서 데이비드 게펀David Geffen의 이름에서 첫 글자를 조합한 게 SKG입니다.

대표적인 드림웍스 애니메이션 시리즈물로는 〈드래곤 길들이기 How to Train Your Dragon〉, 〈슈렉 Shrek〉, 〈쿵푸 팬더 Kung Fu Panda〉 등입니다. 이 가운데 〈쿵푸 팬더〉는 쿵후 초심자 포Po가 험난한 수련을 통해 '용의 전사'가 되어 '평화의 계곡' 마을을 지킨다는 이야기입니다. 포는 5인방이라 일컬어지는 호랑이, 원숭이, 뱀, 학, 사마귀 등과 함께 작품마다 새 빌런을 상대하게 되고요. 1편 악당은 눈표범雪豹, 2편 악당은 공작새, 3편 악당은 야크, 4편 악당은 카멜레온입니다.

2편 악당인 공작새 이름은 '셴'인데요, 공작 가문의 외아들로 가문의 후계자였으나 이에 만족하지 않은 그는 중국 전체를 지배하려는 야욕을 키웁니다. 과거 '셴'의 부모는 백성을 위해 좋은 쓰임의 폭죽을 만들었건만 '셴'은 폭죽에서 어두운 면을 발견하고는 대포를 만듭니다.

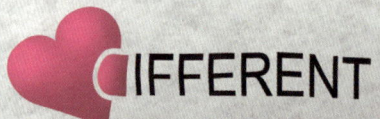

READING 독서

내가 먹고 내가 읽는 게 '나'

콩나물처럼 끝까지 익힌 마음일 것
쌀알빛 고요 한 톨도 흘리지 말 것
인내 속 아무 설탕의 경지 없어도 묵묵히 다 먹을 것
고통, 식빵처럼 가장자리 떼어버리지 말 것
성실의 딱 한 가지 반찬만일 것

새삼 괜한 짓을 하는 건 아닌지
제명에나 못 죽는 건 아닌지
두려움과 후회의 돌들이 우두둑 깨물리곤 해도
그깟 것마저 다 낭비해 버리고픈 멸치똥 같은 날들이어도
야채처럼 유순한 눈빛을 보다 많이 섭취할 것
생의 규칙적인 좌절에도 생선처럼 미끈하게 빠져나와
한 벌의 수저처럼 몸과 마음을 가지런히 할 것

한 모금 식후 물처럼 또 한 번의 삶을
잘 넘길 것

시인 김경미의 「식사법」입니다. 읽다 보니 시의 힘, 문학의 힘에 대해 감탄하지 않을 수 없더군요.

한국외국어대학교 영미문학문화학과 교수 정은귀의 산문집 〈다시 시작하는 경이로운 순간들〉에서 읽은 시입니다. 되새김하듯 여러 차례 곱씹으며 감상하게 되더군요.

저자는 이 시를 이렇게 해설합니다.

"시인이 들려주는 식사법은 밥을 먹는 방법이 아니라 생의 하루하루를 건너는 법입니다. 식사법이나 걷는 법이나 너무 당연해서 법이 없는 것 같지만, 바로 그 이유로 바른 방법을 몸에 익혀야 합니다. 삶을 단단하게 하는 기본자세이니까요."

이어집니다.

"많은 날을 이 기본을 잊고 살아서 잘 씹지 않고 넘겨버리고 잘 익히지 않은 것을 삼킵니다. 쉽게 잊고, 쉽게 원망하고 쉽게 좌절하고 또 쉽게 두려워합니다. 시인은 삼시세끼 가장 익숙하고 정겹고 반복되고 그래서 귀찮기도 한 밥을 먹는 행위를 통해서 결국 삶의 방식을 말해주고 있는 것이지요."

시를 읽고 작가의 해설도 읽다 보니 '식사'가 저는 '독서'로 읽히기도 하더군요. 식사가, 독서가 우리에게 일깨우는 위대한 교훈을 어쩜 이렇게 빼어난 은유로 절창絶唱할까요.

정은귀 교수는 '식사법'을 '생의 하루하루를 건너는 법'이라고 은유합니다. 이 대목에서 제가 이렇게 변주하여 자문해 봅니다.

'만약 하루하루가 한 단어, 한 문장, 한 페이지라면?'

때로는 들판을 걷듯이, 때로는 사막을 건너듯이, 때로는 고봉준령高峰峻嶺을 넘듯이 책을 끈기 있게 넘기며 읽는 독서 습관을 은유하는 질문이지요.

이런 생각에 빠져들다 보니 6부작 〈어스시 시리즈 Earthsea〉로 유명한 세계적 판타지 소설 작가 어슐러 르 귄Ursula K. Le Guin, 1929~2018의 명구가 생각나더군요.

'바흐 모음곡을 연주하는 첼리스트가 음악의 창조와 탄생, 그리고 존재에 한 음, 한 음 참여하듯이 한 단어, 한 페이지씩 책을 읽을 때 당신은 그 책의 창조에 참여하게 된다. 그리고 당신이 읽고 또 읽는 동안 책도 당신을 창조한다. 책이 당신의 생각과 감정, 그리고 당신의 영혼의 크기와 기질의 창조에 참여하는 방식으로.'

김경미의 「식사법」에 편식에 관련한 내용은 없어 보입니다. '식사'가 '독서'일 때 남이 읽는 책만 읽는 습관도 어쩌면 '독서 편식'의 하나이지 않을까요.

이런 독서 습관에 대해 쏘아붙이는 무라카미 하루키Haruki Murakami, 1949~의 경종警鐘은 통절하게 폐부를 찌릅니다.

'남들 다 읽는 책만 읽다 보면 남들이 생각하는 것만 생각할 수 있다.'

영문은,

If you only read the books that everyone else is reading, you can only think what everyone else is thinking.

하루키의 소설 〈노르웨이의 숲 Norwegian Wood〉에 나옵니다. 남들 읽는 것 위주로 '피동적으로' 따라 읽으면 내 삶에 대해 다르게 생각하기 어렵다는 의미이지요.

하루키 소설에서 독서법에 관한 이 대목은 가시 돋은 교훈의 정수精髓입니다. 주인공 와타나베의 기숙사 2년 선배 나가사와는 도쿄대학 법학부 학생입니다. 굉장한 독서가이고요. 그는 적어도 죽은 지 30년 이상 안 된 작가의 책은 손대지 않았는데요, 자신이 믿을 수 있는 책은 그뿐이라는 거죠.
시간의 세례를 받지 않은 책을 읽느라 귀중한 시간을 낭비하고 싶진 않다고 하면서 나가사와는 좋아하는 작가가 발자크, 단테, 조지프 콘래드, 디킨스 등이라고 열거합니다. 이어지는 나가사와의 말이 앞의 촌철살인입니다, '남들이 다 읽는 책만 읽다 보면 남들이 생각하는 것만 생각할 수 있거든.'

독서는 인간에게 분명 이점을 주는 훌륭한 행위입니다. 다만 '똑똑하게 읽을 때만' 이점을 주는 방법이라는 의미로 말이지요.

나가사와가 분명 좋아하는 작가일 프란츠 카프카Franz Kafka, 1905~2006의 명구도 압권입니다.

> '나는 우리에게 상처입히고 찌르는 종류의 책들만 읽어야 한다고 생각한다. 우리가 읽고 있는 책이 머리를 강타해 우리를 일깨우지 않는다면 대체 그 책을 무얼 위해 읽는 걸까?'

영문은,
> I think we ought to read only the kind of books that wound and stab us. If the book we are reading doesn't wake us up with a blow on the head, what are we reading it for?

대주교가 펭귄과 사랑에 빠진 이유

누군가의 인생에 독서가 결정적 변화를 일으키는 소재의 영화로 〈파인딩 포레스터 Finding Forester〉를 꼽을 수 있겠습니다. 이 영화 이야기에 앞서 '펭귄 이야기'부터 해봅니다.

영국 성공회 대주교 테리 웨이트Terence Hardy Waite, 1939~는 1987년부터 1,763일간 고립됩니다. 서방 인질의 석방을 돕기 위해 레바논에 갔다가 이슬람 극

단주의자들에게 억류된 겁니다. 그의 인품에 반한 걸까요, 감시원이 호의를 베풉니다.

"책을 넣어줄까요?"

의사소통이 어렵자 테리 웨이트는 펭귄을 그려줍니다. 그때부터 그는 펭귄 출판사 책을 받게 됩니다. 그의 일화를 알린 글이 '죄수와 펭귄 출판사 The Prisoner and the Penguin'입니다.
테리 웨이트는 〈전쟁과 평화 War and Peace〉, 〈돈키호테 Don Quijote de la Mancha〉 등을 '내 인생의 책'으로 꼽습니다. 고난을 이겨내도록 그에게 희망과 용기를 북돋운 책들의 가치는 미국 사상가·시인 랠프 에머슨의 명구도 잘 밝혀줍니다.

'우리 인생에는 부모, 연인 그리고 가슴을 뜨겁게 하는 추억들과 맞잡이인 책들이 있다.'

영문은,

There are books which rank in our lives with parents and lovers and passionate experiences.

영화 〈파인딩 포레스터〉의 주인공은 흑인 고등학생 자말입니다. 작가를 꿈꾸는 자말은 안톤 체호프, 키르케고르, 제임스 조이스 등의 책을 탐독합니다. 흥미롭게도 전부 펭귄 출판사 문고본입니다.
자말은 학업 성적도 우수합니다. 그래서 더 따돌림받습니다. 인종차별의 벽이 그를 에워싼 겁니다. 꿈을 키우며 책에 파묻혀 외롭게 분투할 무렵 그가 아끼는 명작들과 맞잡이가 될 존재가 등장합니다. 백인 노작가 포레스터입니다. 소설 〈호밀밭의 파수꾼 The Catcher in the Rye〉을 지은 샐린저J. D. Salinger, 1919~2010처럼 포레스터도 은둔 작가입니다. 첫 소설로 퓰리처상을 받은 이후 빈민가에 숨어 산 지 40년째입니다. 운명적으로 자말과 가까워지면서 삶의 열정에 눈뜬 노작가는 남은 생을 허투루 보내지 않겠다고 다짐합니다.

그도 그토록 듣고 싶어 했던 말일까요, 자말에게 이렇게 충고하는군요.

"숨으려 도망치지 마."

영문은,

Don't run for cover.

'쑥덕거림이나 비판에 주눅 들지 말고 맞서라.' 이 의미이지요. 스승과 제자는 가슴속 빗장을 엽니다. 그러곤 세상 밖으로 함께 나옵니다. ✪

ATTITUDE 태도

태도가 선택인 위대한 이유

태도는 선택이다

영문은,

　　Attitude is a choice.

로이 T. 베넷Roy T. Bennett, 1939~2014이 '선택으로서의 태도'에 관하여 쓴 글은 이렇게 이어집니다.

　　행복은 선택이다.
　　낙관주의는 선택이다.
　　친절은 선택이다.
　　베풂은 선택이다.

존중은 선택이다.
어떤 걸 선택하든 그게 당신을 만드니 현명하게 선택하라.

영문은,

> **Happiness** is a choice.
> **Optimism** is a choice.
> **Kindness** is a choice.
> **Giving** is a choice.
> **Respect** is a choice.
> Whatever choice you make makes you.
> Choose wisely.

방송인 겸 배우 오프라 윈프리Oprah Winfrey, 1954~는 '역사상 가장 위대한 발견은, 사람이 자신의 태도를 바꾸는 것만으로도 자신의 미래를 바꿀 수 있다는 것'이라고 했습니다.

영문은,

> The greatest discovery of all time is that a person can change his future by merely changing his attitude.

이번 꼭지에서 제가 들려주고 싶은 건 '선택이라는 태도'와 관련한, 과거와 현재 그리고 미래의 이야기입니다.

'과거가 널 아프게 할 수 있겠지만 선택해. 과거에서 도망치든지, 과거에서 배우든지.'

영문은,

The past can hurt. But you can either run from it or learn from it.

'오늘은 당신의 남은 생의 첫날이다.'

영문은,

Today is the first day of the rest of your life.

위 문장은 순서대로 장편 애니메이션 〈라이언 킹 The Lion King〉과 아카데미 작품상 수상작 〈아메리칸 뷰티 American Beauty〉의 간판급 명대사입니다.

한편, 〈쿵푸 팬더 Kung Fu Panda〉는 어제, 오늘 그리고 내일이라는 세 키워드 가운데 '오늘'에 황금색 별표 리본을 달아준 애니메이션 걸작입니다.
무대는 중국 마을 '평화의 계곡'. 주인공 포는 얼떨결에 마을을 지킬 '용의 전사'로 간택된 판다입니다. 그의 임무는 악당 눈표범을 물리칠 필살기를 익혀 마을의 평화를 지키는 것.
하지만 쿵후를 배우기가 너무 어렵고 힘들다고 느낀 포는 평범하고 안락했던 옛날로 돌아가고 싶어 합니다. 그러자 갈라파고스 거북이인 대사부大師傅 우그웨이가 제자의 흐트러진 정신과 흔들리는 태도에 이 '잠언箴言 죽비'를 내려칩니다.

"오늘은 선물이니라."

영문은,

Today is a gift.

하늘이 내려주는 '오늘'이 얼마나 위대한 선물인지 깨달은 포가 하산下山결심을 접습니다. 도장道場도 그에게 다시 기회를 줍니다. 이 명구가 생각나는군요.

'인생은 언제나 또 한 번의 기회를 준다. 이 기회의 이름은 '내일'이다.'

영문은,

Life always offers you a second chance. It's called tomorrow.

환골탈태의 일념으로 태도를 바꿔 포가 선택한 건 '오늘'입니다. 포는 곧바로 훈련에 임합니다. '미래의 시작은 내일이 아닌 오늘이기에.'

영문은,

The future starts today, not tomorrow. ★

언박싱
삽화 이야기

스포츠 브랜드 나이키는 수많은 불멸의 슬로건으로 유명하지요. 동기motivation 부여, 결단력determination, 탁월함excellence과 동의어가 되어버린 슬로건 가운데 일반 운동 애호가와 전문 선수들에게 모두 긍정과 낙관주의적 영감을 불러일으키는 '대표작 슬로건'을 간추려봅니다.

Just Do It
혁신innovation의 출발은 실행action이지요. '일단 시작하라, 일단 해보라'라는 의미로, 인구에 회자하는 가장 상징적인 나이키 슬로건입니다. 동기부여의 핵심은 '행동하라', '경계를 넓히라', '장애물을 극복하라'로 압축되겠고요.

There Is No Finish Line
'결승선은 없다'. '위대함에는 최종 목적지가 없다Greatness has no final destination'라는 메시지를 강조하는 슬로건입니다. 한계를 뛰어넘고, 성장과 탁월함을 향해 부단히 노력하라는 교훈이 담겨있습니다.

Impossible Is Nothing
'Nothig is impossible'을 도치한 슬로건이지요. 경계를 허물고 한계에 도전하라는 메시지의 슬로건입니다.

COMPARISON 비교

비교는 생의 기쁨 훔치는 도둑

인생에서 제일 중요한 건 삶의 태도

'인생의 10%는 당신에게 일어나는 일이다. 나머지 90%는 당신이 그것에 어떻게 반응하느냐에 달려있다.'

두 번째 문장을 '나머지 90%는 그걸 받아들이는 '나'의 방식에 달려있다'라고 풀이해도 무방하겠군요.

작가·목사·교육자인 찰스 R. 스윈돌Charles R. Swindopp, 1934~의 명구입니다. '태도'가 삶에서 얼마나 중요한지 강조하고 있지요.

영문은,

Life is 10% what happens to me and 90% how I react to it.

이 문장의 메시지는 소제목 '인생에서 제일 중요한 건 삶의 태도다'에 맥이 닿아있습니다.

비교는 생의 기쁨을 훔치는 도둑

영화 〈괜찮아요, 미스터 브래드 Brad's Status〉는 비영리 단체를 운영하는 중년 가장 브래드의 이야기입니다.

브래드의 롤모델은 성공해 잘나가는 몇몇 대학 동문들입니다. 하지만 그들의 호화로운 삶이 결코 넘볼 수 없는 세계인 걸 깨달았을 때 브래드는 일을 멈춥니다. 인생의 큰 기쁨 하나를 잃은 그는 아내에게 자신이 실패한 인생 같다고 푸념합니다. 친구들이 자길 패배자로 여길까 봐 걱정하는 일도 부쩍 잦아집니다.

브래드의 인생 행로는 아들과 떠난 여행에서 바뀌기 시작합니다. 하버드대학교에 면접을 보러 가는 아들을 따라간 게 계기가 된 건데요, 아들이 성공하면 그 덕에 변변찮은 자기 경력이 덮일 거라는 기대에 한껏 젖어 있습니다.
아뿔싸, 아들이 면접일을 잘못 알고 왔군요. 브래드는 죽기보다 싫으면서도 백악관에 있는 친구에게 전화해 도움을 청합니다. 면접이 다시 잡힙니다.
브래드를 바꿔놓는 건 아들 친구인 하버드대학교 여학생의 한마디 충고입니다. 부귀영화를 누리는 동문 친구들과 자신의 초라한 삶을 비교하자 그녀가 결정타를 날립니다.

"대체 왜 남과 비교하며 살죠?"

한편 그는 졸업 후 처음 만난 백악관 친구에게 뜻밖의 사실을 듣게 됩니다. IT 회사를 거액에 팔고 은퇴해 호로롭게 인생을 즐긴다던 친구의 삶에, 헤지펀드 회사를 굴리며 떵떵거린다던 친구의 삶에 실제 어떤 심각한 문제가 생겼고 그들의 성공이 어떤 위선들로 채워져 있는지를 알게 된 겁니다.

마침내 브래드가 깨닫는데요, 알짜배기입니다.

'더 나아지기 위해 내가 꼭 롤모델로 삼아야 할 사람은 남이 아니다. 바로 어제의 나다.'

영문은,
The only person you should try to be better than is the person you were yesterday.

브래드가 밝게 웃으며 인생을 새로 설계합니다. '비교는 생의 기쁨을 훔치는 도둑이다'라는 명구가 있습니다.

영문은,
Comparison is the thief of joy. ★

Socrates

The adventure of life is to learn. The purpose of life is to grow. The nature of life is to change.

인생의 모험은 배우는 것이다. 인생의 목적은 성장하는 것이다. 인생의 본질은 변화하는 것이다. -윌리엄 아서 워드

ESSENCE 정수精髓

생의 정수는 '변화하는 것'

소크라테스의 '자신을 잘 돌보게'

'인생의 모험은 배우는 것이다. 인생의 목적은 성장하는 것이다. 인생의 본질은 변화하는 것이다.'

미국의 자기계발서 작가 윌리엄 아서 워드William Arthur Ward, 1921~1994의 명구입니다. 배움**learning**, 성장**growth**, 변화**change**가 키워드이지요.

영문은,

> The adventure of life is to learn. The purpose of life is to grow. The nature of life is to change.

독자 여러분, '1001 시리즈' 도서를 아시지요? 영어 제목 '1001 Before You Die' 시리즈물 말이지요. 저는 〈죽기 전에 꼭 봐야 할 영화 1001〉, 〈죽기 전에 꼭 읽어야 할 책 1001〉 등이 있습니다.

그렇다면 여러분, '죽기 전에 내가 꼭 듣고 싶은 말'에 대하여 생각해본 적 있을지요. 영화 〈내가 죽기 전에 가장 듣고 싶은 말〉을 소개하려다 보니 저 자신에게도 해보는 질문이랍니다.

백조는 생을 마치기 직전 찬란하게 노래한다고 하지요. 고대 그리스 신화에서 유래한 표현 '백조의 노래 swan song'는 예술가의 최후 걸작이나 유명인의 마지막 말을 은유하게 됐고요.

고전 〈파이돈 Phaidon〉에서 소크라테스에게 친구 크리톤이 묻습니다.

"우리가 자네를 기쁘게 할 일에 대해 일러주게."

독배를 마셔야 할 운명인 소크라테스는 친구에게 '백조의 노래'를 불러줍니다.

"내가 늘 말하던 바로, 자네 자신들을 잘 돌보게 Take care of yourselves."

고대 그리스인에게 '자신을 잘 돌본다'라는 건 '자신을 향해 마음을 쓴다'라는 뜻이었습니다. 또한 각자가 진리·지혜·아름다움·극기 등을 끊임없이 추구하는 주체가 돼야 한다는 뜻이었습니다.

무지하고 교양 없는 사람이나 자신을 속이는 사람은 자신에게는 물론 타인에게도 결코 도움이 못 됨을 교훈으로 내포하고 있고요.

영화 〈내가 죽기 전에 가장 듣고 싶은 말〉의 원제는 '마지막 말'입니다. 'The Last Word'입니다.

광고회사 중역 출신 여성 해리엇은 젊은 여기자 앤에게 자기의 부고 기사를 미리 써달라고 의뢰합니다. 그녀 꿈은 자기 참모습이 세상에 제대로 알려지는 것입니다. '삶의 정수'를 추구하며 얼마나 충실히 살았는지를 제대로 알리고 싶은 겁니다.
취재하면서 앤은 이 거물 여성이 직설적이고 공격적인 성향을 무기로 삼아 많은 이에게 상처를 입힌 사실을 알게 됩니다. 여성이 앞서나갈라치면 남성들이 '결승선을 바꿔놓으려 했던' 조직문화 안에서 그녀가 투사가 될 수밖에 없었던 사연들도 들어 알게 됩니다.

한편 앤의 꿈은 작가입니다. 문제는 실패할까 봐 두려워 늘 도전하길 망설인다는 점. 무려 82세에 라디오 음악프로 DJ에 도전한 해리엇은 앤의 수필을 읽고 응원합니다. '밀어붙여!'

"실수는 널 완성해."

영문은,

Mistakes make you.

'늙었다고 해서 죽은 것은 아니다'라는 기개로 말년을 산 그녀가 앤에게 남긴 주옥같은 말은 다 '백조의 노래'로서 삶의 정수가 무엇인지 일깨우는 말입니다.

그것은 소크라테스가 친구에게 남긴 말, 즉 '자신을 잘 돌보라'의 여러 뜻과 맞잡이인 지혜의 명구입니다. ★

언박싱
삽화 이야기

GS칼텍스재단은 GS칼텍스가 2006년에 설립했습니다. GS칼텍스재단은 특히 여수문화예술공원과 복합문화 공간인 GS칼텍스 예울마루를 운영하는 등의 공익사업을 펼치고 있습니다. '예울마루'는 '문화 예술의 너울이 가득 넘치고 전통 가옥의 마루처럼 편안하게 휴식할 수 있는 공간'이라는 의미에 무척 잘 어울리는 곳이더군요.

2023년 가을, 인문학 강연을 하려고 방문했을 때 파란색 고양이가 계단의 널찍한 바닥에 길게 배를 붙인 채 눈을 방싯거리며 방문자를 마중하고 있더군요. 작품 이름은 '고양이는 의자다'. 작가 이름은 조영철. 작품을 감상하던 중 제가 떠올린 알랭 드 보통의 은유가 '수줍음 타는 동물shy animal'입니다.

서울 마포구 합정동 메세나폴리스 건물 곁에 있는 에메랄드 빛깔 사슴처럼 조영철의 작품은 동물이 주된 소재인데요, 작품 대부분이 투명하거나 속이 비어있습니다. 그 이유를 작가는 이렇게 설명합니다. "작품 속이 비어있다 보니 자연과 잘 어울리고, 다른 대상들을 가리지 않아 그 어우러짐이 저는 좋답니다."

본편 상영관 **3**관

'창조적 조직'을 위한 불멸의 키워드

LIFT

LEADERSHIP
INNOVATION
FEEDBACK
TEAMWORK

소통·협업으로 이끄는
혁신의 리더십

알랭 드 보통과 '수줍음 타는 동물'

'발견을 위한 진정한 탐험은 새 풍경을 찾아다니는 게 아니다. 새로운 눈을 가지는 것이다.'

프랑스 작가 마르셀 프루스트Marcel Proust, 1871~1922의 〈잃어버린 시간을 찾아서 In Search of Lost Time〉에 있는 명문입니다.

영어 번역문은,

> The real voyage of discovery consists not in seeking new landscapes, but in having new eyes.

작가 알랭 드 보통이 공항을 이용하는 여행자를 그만의 '새로운 눈'으로 관찰한 적 있습니다. '새로운 눈'은 '다르게 보는 눈'과 '독창적 시선'입니다. 그 결실이 2010년 공항에 자발적으로 갇혀 7일간 생활하며 구상한 책 〈공항에서 일주일을 A Week at the Airport〉입니다

알랭 드 보통에게 책을 써봐달라고 의뢰한 이가 있습니다. 런던 히스로 공항의 한 터미널 경영자입니다. 작가의 '독창적 눈'을 통해 자신은 정작 무엇을 못 보고 있는지, 무엇을 놓치고 있는지 깨닫고 싶었던 겁니다. 궁극적 목적은 자신이 수장으로 있는 터미널의 경영에 혁신innovation 바람을 일으키는 것이고요.
이 책에 '독창적 사고'를 은유하는 표현이 있습니다. '수줍음 타는 동물shy animal'입니다. 인간의 독창적 사고는 이 수줍음 타는 동물을 닮아 동굴 밖에 잘 안 나오려 하는데, 여행을 하면 이 동물도 바깥세상이 궁금해져 나온다는 게 메시지입니다. 터미널 경영자와 알랭 드 보통을 이어준 영화가 있습니다. 2004년 개봉한 스티븐 스필버그 감독의 〈터미널 The Terminal〉입니다.

피드백은 소통과 팀워크의 시작

뉴욕 존 F. 케네디 공항이 유럽에서 온 여행자 빅토르의 입국을 막아버립니다. 미국에 오는 사이 그의 고국에서 군사 정변이 일어난 겁니다. 비자 효력이 멈춘 빅토르는 국제선 환승 라운지에 갇혀 국제 미아가 되는데….
탐험을 위한 여행을 즐겨야 할 빅토르의 눈은 생존을 위한 눈으로 바뀝니다. '다르게 보는 눈'이 뛰어난 빅토르는 친화력을 발휘해 터미널 노동자에게 팁을 줍니다. 업業의 본질과 일터 환경의 개선에 관한 멋진 아이디어입니다. 그

의 창의적 노력 결과 터미널 안 업무 환경에 혁신적 변화가 일어납니다.

한편 피드백**fedback**이라는 이름의 소통**communication**이 막히면 혁신이 얼마나 어려운 과제인지도 영화는 잘 보여줍니다.
이민국 관리자 딕슨은 빅토르의 행위를 경계합니다. 빅토르가 사고라도 치는 날엔 국장 진급에 갈급한 자신의 청사진에 불똥이 튈 거라고 판단한 겁니다. 급기야 딕슨은 빅토르를 범법자로 만들 덫을 놓습니다. 하지만 빅토르를 도우려는 공항 노동자들의 눈물겨운 팀워크**teamwork**가 빛을 발합니다. 딕슨의 비인도적인 수법은 번번이 실패합니다.

빅토르의 인간미와 선한 영향력을 지켜본 상사가 딕슨에게 충고합니다.

"때로는 수치數値를 무시해야 합니다."

영문은,

Sometimes you have to ignore the numbers.

공항 평가 등급과 이익 창출에만 집중하지 말라는 뜻이지요. 이후 딕슨이 직원과 고객을 더 많이 존중하는 통합의 리더십을 발휘할까요.

9개월 후 빅토르의 고국이 평화를 되찾습니다. 미국 정부가 그에게 '1일 여행 비자'를 발급합니다. 문제는 진급한 국장 딕슨이 서명해야만 비자가 구실을 한다는 사실. 딕슨이 서명을 거부합니다. 문턱 하나만 남겨두고 또 입국이 막히는 빅토르.

뉴욕 여행을 포기하고 귀국해야 하건만 빅토르가 공항 출구에 들입다 다가섭니다. 법을 어겨보겠다는 걸까요. 순간 이 말이 그의 귀에 꽂힙니다.

"뒤로 돌아요."

경비 대장의 명령입니다. 체포하겠다는 걸까요. 뜻밖에도 참 따뜻한 말이 이어집니다.

"바깥에 눈 많이 오니 필요할 겁니다."

그러면서 그가 빅토르에게 자기 외투를 벗어 입혀줍니다. 빅토르가 기필코 뉴욕에 가야 하는 이유는 그가 보물단지처럼 간직해온 땅콩 깡통 안에 있습니다. 돌아가신 아버지의 유지遺旨인데요, 그게 무엇인지는 가려둡니다.

'승강기' **LIFT**를 분리한 키워드 네 개는 리더십·혁신·피드백·팀워크입니다. 즉, **L**eadership, **I**nnovation, **F**eedback, **T**eamwork입니다. ✪

Creativity takes courage.

창의력은 용기가 필요하다. -앙리 마티스

이석연

LEADERSHIP 리더십

가장 훌륭한 배 이름은 '리더십'

나비처럼 떠올라 벌처럼 쏘라

레전드 복서 무하마드 알리의 빼어난 은유입니다.

영어는,
　　Float like a butterfly, sting like a bee.

그렇게 살랑살랑 나비처럼 떠오르듯 복싱 링에서 스텝을 밟다가 벌침 쏘듯 공격했던 그는 언어적 상상력이 뛰어났습니다. 이런 명언도 남겼지요.

'상상하지 못하는 자에겐 날개가 없다.'

영문은,

The man who has no imagination has no wings.

거장 미야자키 하야오^{宮崎 駿}, Hayao Miyazaki, 1941~의 일본 애니메이션 〈붉은 돼지 紅の豚〉에서는 나비 대신 돼지가 날아오릅니다. 이 명대사로 유명한 돼지입니다. 상상력이 탁월한 주인공 돼지는 조종사인데요, 자신이 '그냥 돼지'인 채로 살길 거부합니다.

'날지 않는 돼지는 그냥 돼지일 뿐이야.'

영어 자막은,

A pig that doesn't fly is just a pig.

미국 영화 〈설리: 허드슨강의 기적 Sully〉은 날개 잃은 여객기에 '상상력 날개'를 장착해서 비상착수非常着水에 성공하는 조종사 설리 설렌버거 Sully Sullenberger, 1951~의 실화입니다.

탑승객 155명을 태운 여객기가 뉴욕 라과디아 공항에서 이륙한 직후 기러기 떼와 충돌해 양쪽 엔진을 다 잃습니다. 베테랑 기장 설리는 공항 관제사들이 비상착륙을 지시하는데도 따르는 대신 허드슨강에 비상착수非常着水 합니다. '상상력 엔진'을 가동한 그의 판단은 탑승자 155명을 전원 구해냅니다. 착수

직후 인명 구조에 걸린 시간은 24개월도 24일도 아닌 24분. 설리에게 영웅 호칭이 붙습니다.

한편 보험사는 관제사의 지시를 거부한 설리의 행동을 두고 책임 여부를 밝히려 듭니다. 착륙하느냐 착수하느냐, 그 찰나적 결정의 순간 설리는 '더 큰 사고'와 '덜 큰 사고'의 확률을 숨 가쁘게 저울질했을 것입니다.

마침내 연방 교통안전위원회가 교통정리를 해버립니다. 그가 '비행 지식'만으로 판단해 착륙 쪽을 선택했다면 어떤 활주로에 향하더라도 기체가 빌딩에 충돌해 폭발한다는 시뮬레이션 결과를 내놓은 겁니다.

가라앉는 여객기에서 그가 혼자 맨 앞부터 맨 끝까지 수색한 후 최종 1인으로 탈출하는 장면은 압권입니다. 그의 행동은 영웅적 리더의 참모습입니다.

이런 은유가 있습니다.

'위기 상황에서 가장 훌륭한 배는 리더십이라는 이름의 배다.'

영문은,

The best ship in times of crisis is leadership.

이 명구는 미국 메릴랜드주 애나폴리스에 소재한 미 해군 사관학교 United States Naval Academy에서 볼 수 있다고 전해집니다. 거대한 파도나 태풍에 맞서는 선장의 지휘력은 위기 상황에 더 빛나기 마련이지요. 절체절명 위기 상황에서 리더십을 발휘한 설리는 분명 '가장 훌륭한 배'입니다. 저는 평소 이 명구를 줄여 소개하곤 합니다.

The best ship is leadership.

미국 공군사관학교를 나왔고 전투기 조종사 출신인 설리가 2009년에 낸 자전적 회고록 〈하이스트 듀티 Highest Duty〉는 그의 인생 이야기와 리더십, 책임감 그리고 봉사 정신이 골격입니다. 이 공저共著 도서를 교본으로 해 2016년 클린트 이스트우드Clint Eastwood, 1903~가 영화화한 작품이 〈설리: 허드슨강의 기적〉입니다.

'변혁형 리더'의 특징과 강점

도서 〈역사를 바꾸는 리더십〉 등을 지은 미국 역사학자·정치학자·리더십 연구의 권위자로 풀리처상을 받은 제임스 맥그리거 번스James McGregor Burns, 1918~2014는 변혁적 리더십transformational leadership 개념을 제시했습니다.

변혁적 리더십은 특히 외부 요인에 의해 발생한 위기를 관리할 때 빛을 발합니다. 변혁형 리더는 필요한 대응을 실행하기 전 위기의 정도를 '큰 그림으로 파악하는 창의적 역량'이 뛰어납니다. 조종사 설리의 위기관리 사례처럼 필요할 때 구조화된 규정을 따르지 않는다는 것도 그들의 강점입니다.

변혁형 리더는 위기를 통해 조직을 효과적으로 조정하는 창조적 리더입니다. 이들은 부하 스스로 문제에 대해 창의적 솔루션을 발견할 수 있도록 돕고 이끄는 임무에 능한데요, 이때 그들이 쓰는 자극이 '지적 자극intellectual stimulation'

입니다. 그러므로 변혁형 리더는 모름지기 체인 리더chain-reader입니다.

창조적 리더creative leader는
체인 리더chain-reader다

'가장 훌륭한 배' 즉, 위대한 리더great leader는 독서가reader입니다. 우리는 잘 압니다. 독서가 지능을 높여주고 창의력을 키워준다는 걸. 어휘력을 키워주고 의사소통 기술을 증진해준다는 걸. 다른 이와 협업을 잘해야 하는 리더십 능력을 높여준다는 걸. 성공한 사람 대부분의 성공 요인은 상당한 수준의 독서임을 여러 연구가 잘 밝히고 있습니다.

소설 〈연을 쫓는 아이 The Kite Runner〉를 지은 미국 의사·작가 할레드 호세이니Khaled Hosseini, 1965~는 매혹적인 조어造語을 만들었습니다. 체인 리더chain-reader입니다. '꼬리에 꼬리를 물 듯이 읽는 독서가'라는 뜻이지요.

전前 미국 국방장관 제임스 매티스James Mattis, 1950~도 '가장 훌륭한 배'입니다. 그리고 체인 리더입니다. '미친개'라고 잘못 알려진 닉네임 **mad dog**맹견, 猛犬으로도 유명한 미합중국 해병대 4성 장군 출신입니다. 열렬한 독서가인지라 개인 서고의 장서가 7,000권이 넘습니다. 병법서 〈손자병법 孫子兵法, The Art of War〉을 너덜너덜해질 만치 읽었다고 하고요.

제임스 매티스는 국방장관 재임 당시2017년 1월 20일~2018년 12월 31일 한반도의 군사적 충돌 가능성을 낮추기 위해 미군이 해야 할 역할을 알려면 책 〈이런 전쟁

This Kind of War〉을 필독해야 한다고 강조한 바 있습니다.

〈이런 전쟁〉은 역사학자 시어도어 페렌바흐Theodore Fehrenbach, 11925~2013가 미국 2사단 72전차대대장으로 6·25전쟁에 참전했던 경험을 회고해 1963년에 출간한 도서입니다. 제대로 된 전쟁 준비 없이 참전한 미군이 군사적으로 우위였음에도 여러 전투에서 패배한 경위를 기록한 징비록懲毖錄입니다.

제임스 매티스가 추천하는 미군 필독서 목록 1호는 마르쿠스 아우렐리우스 Marcus Aurelius Antoninus, 121~180 황제의 〈명상록 Meditations〉입니다. 적에게는 살벌한 맹견이었던 그는 이 명구로도 유명합니다.

'나는 '실패'의 철자조차 모른다.'

영문은,

I cannot even spell failure.

남이 가지 않는 길을 간다

변호사 이석연의 삶의 모토입니다. 전前 법제처장 이석연은 독만권서讀萬卷書 하는 체인 리더의 표상表象입니다. 그는 중학교 졸업 반년 만에 대입 검정고시까지 내리 합격한 후 곧장 김제 금산사金山寺의 심원암深源庵에 들어가 2년 동안 책만 읽었습니다. 물경勿驚 그 나이에 동서양 문학전집과 고전 그리고 역사서 등 500권을 독파했습니다.

특히 사마천의 〈사기 史記〉와 괴테의 〈파우스트 Faust〉, 조지훈의 〈지조론〉 그리고 헤르만 헤세의 〈데미안 Demian〉 등을 그는 '내 인생의 책'으로 꼽습니다.

한 매체 인터뷰에서 그는 〈데미안〉을 모티브로 해 2016년 방탄소년단BTS의 〈피 땀 눈물〉이 탄생했다는 점을 언급하면서 자신의 '금산사 시절'을 이렇게 회상했습니다.

"10대 시절 〈데미안〉을 읽고 나는 며칠씩 잠을 못 이뤘다. '나는 다만 내 진정한 자아가 이끄는 대로 조화롭게 살고자 했을 뿐이다. 왜 그것이 그토록 어려웠을까I wanted only to live in accord with the promptings which came from my true self. Why was that so very difficult?'로 시작하는 첫 구절부터 〈데미안〉은 내 마음을 울렸다. '알은 하나의 세계이다. 태어나려는 자는 하나의 세계를 파괴해야 한다The egg is the world. Whoever will be born must destroy a world. 새는 신에게로 날아간다. 그 신의 이름은 아브락사스다The bird flies to God. That God's name is Abraxas'와 같은 문구를 나는 지금도 생생하게 기억한다."

변호사 이석연은 '남이 가지 않는 길을 걸을 수 있도록 나를 이끄는 네비게이터navigator는 책이다'라고 말합니다.

"지금의 나를 만든 건 8할이 책이다. 책이 있었기에 나는 남이 가지 않는 길을 갈 때의 숱한 두려움과 갈등과 장애를 극복할 수 있었다. '내가 선택한 길이 옳은 길이라는 확신'에 대해 흔들림이 없었기에 중요한 순간마다 나는 과감한 결단을 내릴 수 있었다. 그럴 때마다 창조적 용기creative courage가 필요했다. 나는 이 용기를 책에서 얻었다."

창의력은 용기가 필요하다

'창의력은 용기가 필요하다Creativity takes courage'라는 교훈을 일깨우는 위대한 전범典範의 하나로 변호사 이석연은 사마천司馬遷의 〈사기史記〉를 꼽으며 이렇게 말합니다.

> "결단의 순간마다 나에게 자신감과 용기를 주는 내 삶의 동반자는 사마천의 〈사기〉다."

금산사 시절 까까머리 때부터 일생의 필독서로 삼아 〈사기〉를 탐독하는 그는 한국사마천학회 초대 이사장을 맡았을 뿐만 아니라 사마천의 고향인 중국 한성시 사마천학회 회원이기도 합니다. 〈사기〉에 관한 해박한 지식과 통찰적 견해를 담아 그가 '사마천의 시선으로 본 한국 사회의 자화상'을 출간했습니다. 책 〈사마천 사기 산책〉입니다.

'산책'이 키워드인 명구 하나를 소개합니다. 우리가 이 책의 **에필로그 상영관**에서 재회할 문장입니다.

> 'I took a walk in the woods and came out taller than the trees.'

의미는,

숲을 산책하고 왔더니 내 키가 나무보다 커졌다.

저의 최애最愛 글 중 하나입니다. 수상록 〈월든 Walden〉을 지은 헨리 데이비드 소로Henry David Thoreau, 1817 ~May 6, 1862의 명구입니다. 나무 즉, '작은 그림'을 그리던 이가 '숲'으로 비유되는 어딘가에서 사색·통찰 따위의 창의적 행위를 했더니 그 결과 '큰 그림'을 그리게 됐다며 기뻐하는 모습이 눈에 그려지지 않는지요.

책도 숲입니다. 〈사마천의 사기 산책〉도 평소 책 산책을 즐기는 독자라면 누구나 '큰 그림'을 그릴 수 있게 이끌 숲입니다.

궁금했습니다, 변호사 이석연의 최애 명구最愛名句가 무엇일지. 직접 지은 사기창성史奇創成이라고 합니다. 젊은 날 일기장 제목이기도 했다는 이 4자성어의 뜻은 '역사와 기적은 만들어진다.'

변호사 이석연이 가장 아끼고 좋아하는 또 하나의 '최애 명구最愛名句'는 사마천司馬遷의 〈사기史記〉 속 이 문장입니다.

도리불언 하자성혜
桃李不言 下自成蹊

의미는,

'복숭아와 오얏은 말을 하지 않으나 그 나무 밑에는 길이 저절로 생긴다.'

사마천이 장수將帥 이광李廣을 도복숭아와 리오얏에 빗대 평하면서 한 말입니다. 덕이 있는 이는 잠자코 있어도 사람들이 그 덕을 사모하여 따른다는 게 함의입니다.

제임스 매티스처럼 이광도 '**Mad Dog**맹견'이었을까요. 전한前漢 시대 때 그는 흉노와 벌인 70차례 싸움에서 혁혁한 공을 세워 비장군飛將軍이라 불린 장수입니다. 그러함에도 불구하고 그는 정치엔 밝지 못했던 탓에 제후 반열에도 오르지 못했습니다.

시골 사람처럼 이광은 투박했습니다. 말을 잘하지 못했습니다. 하지만 마음씨가 충실해 사대부로부터 큰 신뢰를 얻었습니다. 부하들도 그를 우러러보았습니다. 미군 해병대는 부대 식당에서 식사할 때 낮은 계급부터 먼저 배식받는다고 하지요. 이광은 군사를 인솔할 때 식량·물이 부족한 곳에서 물을 보더라도 부하 병졸이 물을 다 마시기 전엔 물 가까이 가지 않았다고 합니다.

사마천은 복숭아와 오얏이 꽃이 곱고 열매 맛이 좋아 사람들 발길이 끊임없이 이어지니 그 결과 나무 밑에 자연스레 길이 나게 돼 있다는 점에 빗대 이광을 평한 것입니다.

책 많이 읽었다고 100% 성공하지는 않지만…

변호사 이석연은 '책 권하는 사회 운동본부' 상임대표로 활동하며 이렇게 강조했습니다. "우리 사회 전반에 '책 읽는 풍토'가 뿌리내려야 한다. 우리 사회에서 벌어지는 다양한 병폐가 결국에는 책을 읽지 않아 발생하는 탓이 크다."

〈책이라는 밥〉, 〈판단력 수업〉, 〈새로 쓰는 광개토왕과 장수왕〉 등 20여 권을 지은 그는 법조인보다 독서인으로 불리는 게 더 좋다고 말할 만치 '독만권서讀萬卷書'를 즐긴다면서 그가 이렇게 웅변합니다.

"우리는 검색이 곧 지식이 되는 게으른 시대에 살고 있다. 나는 확신한다. 책을 통해 지식을 넓히고 지혜를 흡수한 사람들은 사고가 자유롭고 도전 정신이 강하다. 시행착오를 겪더라도 결국엔 올바른 길로 간다. 책을 많이 읽었다고 100% 성공하진 않지만 성공한 사람치고 책을 가까이하지 않거나 덜 읽은 사람은 없다."

'리더는 리더'라는 명제에 대해 미국 대통령 해리 S. 트루먼Harry S. Truman, 1884~1972은 이 명구를 남겼습니다.

'모든 독서가가 리더는 아니지만 모든 리더는 독서가다.'

영문은,
　　Not all readers are leaders, but all leaders are readers.

스탠퍼드대학교 MBA가 사례연구로 인용한 도시락 가게가 있습니다. 도쿄의 도시락 배달 전문점 '다마고야玉子屋'입니다. 이곳의 비즈니스 모델을 눈여겨보고 스탠퍼드대학교 경영대학원 공급망관리SCM, Supply Chain Management 강의에 경영사례로 소개한 이가 있으니, 한국인 최초 스탠퍼드대 종신 교수 황승진입니다.

'다마고야'의 사장 스가하라 유이치가 책 〈사업을 키운다는 것〉을 출간하면서 서문에 집필 의도를 이렇게 밝혔습니다. '나는 국가 경제를 든든하게 지탱하는 게 견실한 중소기업이라는 믿음이 있다. 중소기업 경영자와 직장인들을 위해 이 책을 썼다.'

저자는 에필로그에서 '사업에 실패하는 경영자의 12가지 특성'을 사장실 벽에 걸어놓았다고 밝히고 있습니다. 그 가운데 하나가 이겁니다.

'시간이 없다는 핑계로 책을 멀리한다.'

99세를 일기로 2023년 세상을 떠난 기업인 찰스 T. 멍거Charles Thomas Munger, 1924~2023가 한 말을 끝으로 소개합니다.

'평생을 통틀어 나는 광범위한 주제의 영역에 걸쳐 항상 책을 읽지 않는 현명한 사람을 한 명도 본 적이 없다. 단 한 명도. 제로다. 워런 버핏이 얼마나 많이 읽는지, 그리고 내가 얼마나 많이 읽는지 알면 깜짝 놀랄 것이다.' ✪

언박싱
삽화 이야기

"여자의 눈엔 프로메테우스의 불이 항상 타고 있습니다Women's eyes sparkle still the right Promethean fire." 희곡 〈사랑의 헛수고 Love's Labor's Lost〉에서 셰익스피어가 여자의 눈을 찬미하는 대목입니다. 이렇게 이어집니다. "이것 이외에 이 세상에 훌륭한 게 또 어디 있겠습니까?"

2001년 아카데미에서 작품상·남우주연상 등을 거머쥔 〈글래디에이터 Gladiator〉는 거장 리들리 스콧이 만든 액션 블록버스터입니다. 그가 2012년엔 SF 대작 〈프로메테우스 Prometheus〉를 만들었는데, '프로메테우스 호'를 타고 우주로 떠나는 여전사의 눈을 통해 '프로메테우스의 불'이 무엇을 의미하는지 들여다봅니다. 그것은 '신성한 영감divine inspiration과 창의력creativity'을 은유합니다.

한편, 영국 작가 M.W. 셸리의 소설 〈프랑켄슈타인 Frankenstein〉은 부제가 '근대의 프로메테우스The Modern Prometheus'이지요. 리들리 스콧의 〈프로메테우스〉는 그리스 로마 신화의 티탄 신 '프로메테우스'에 대한 메타포입니다. 동시에 영화가 창조자와 피조물의 관계를 다루는 내용이어서 이 부제의 '프로메테우스'에 대한 메타포이기도 하겠습니다.

INNOVATION 혁신력

새로운 것 실행해 성과 내는 역량

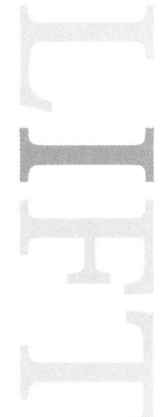

상륙정上陸艇 '신 노아' 탄생기

신新 노아New Noah라니요. 얼마나 놀라운 방주였기에 히틀러가 이걸 만든 '그'를 그렇게 극찬했을까요. 노르망디 상륙작전을 성공시킨 드와이트 아이젠하워Dwight David Eisenhower, 1890~1969 장군은 '그'의 공로를 이렇게 평했습니다.

'그는 2차 세계대전 승전의 공신이다.'

영문은,

He won the war for us.

'그'는 디데이D-Day를 위해 LCVThe Landing Craft Vehicle Personnel 상륙정을 만든 앤드루 히긴스Andrew Jackson Higgins, 1886~1952입니다.

이 대목에서 하버드대학교 경영대학원 교수 시어도어 레빗Theodore Levitt, 1925 ~2006의 명구가 필요합니다.

    '창의력은 새로운 걸 고안하는 능력이다.'
    '혁신력은 창의력이 고안한 새로운 걸 실행하는 능력이다.'

영문은,
    Creativity is thinking up new things.
    Innovation is doing new things.

역사적으로 위대한 혁신은 다 창조적 '행동 개시initiation'로부터 시작되기 마련이지요.

아이젠하워는 히긴스의 혁신적 면모를 이렇게도 평했습니다.

    "그는 엔지니어를 기용 안하고도 상륙정을 만들었다."

목재상 출신 히긴스가 미국 해군이 설계한 것보다 뛰어난 상륙정을 고안하고 생산한 사실도 놀라운데요, 그가 공과대학 출신을 안 뽑았다는 사실은 더 놀랍지요. 그가 술회했습니다.

"공과대학은 '할 수 있는 것' 대신 '할 수 없는 것'만 가르치는 것 같았다."

이게 잘 말해주듯 당시 그가 발탁해 보려 한 이들은 하나같이 혁신력의 뿌리 즉, 실행력이 허약했나 봅니다.

리더와 추종자 구별하는 건 '혁신 역량'이다

이 소제목은 혁신가 스티브 잡스의 명구입니다.

영문은,

    Innovation distinguishes between a leader and a follower.

한국 영화 〈인천상륙작전〉은 더글러스 맥아더Douglas MacArthur, 1880~1964 장군과 그를 도운 우리 해군 첩보원들의 '혁신적 실행력'에 집중한 작품이지요. 대단원에서, 성공 확률이 5,000:1이기에 모두가 불가능에 가까운 작전이라고 주장할 때 맥아더 장군은 '할 수 있다'는 신념을 굽히지 않고 혁신적 실행의 개시를 준비합니다.

    Decisions **d**etermine **d**estiny.

세 단어 다 '**d**'로 시작하는 이 명구는, '당신의 운명을 좌우하는 건 당신 결정이다'라는 의미이지요.

종교 지도자 토머스 S. 몬슨Thomas Spencer Monson, 1927~2018의 이 명구대로 대한민국의 운명을 가르는 작전은 이 명령과 함께 개시됩니다.

'인천상륙작전을 개시하라.'

영문은,

Initiate Operation Chromite.

명령이 떨어지기 무섭게 상륙정들이 맨 앞에서 진격합니다. ✪

언박싱
삽화 이야기

2016년 영국 BBC는 '21세기 위대한 영화 100편 The 21st Century's 100 greatest films'을 선정했습니다. 1위는 데이비드 린치 감독의 〈멀홀랜드 드라이브 Mulholland Drive〉입니다. 일본 거장 미야자키 하야오 감독의 애니메이션 〈센과 치히로의 행방불명 千と千尋の神隠し, Spirited Away〉은 4위에 올랐고요. 한편 픽사PIXAR와 월트디즈니가 공동 제작한 애니메이션 〈월-E〉는 29위입니다.

지구가 멸망 이후의 미래 세계를 그린 〈월-E〉에 방주가 등장합니다. 우주정거장 기능을 겸하는 우주선 엑시옴AXIOM인데요, 〈성서〉「창세기」의 비둘기를 은유하는 여성 로봇 '이브'가 지구에 와 식물 생명체가 존재하는지 탐사하는 장면으로도 그런 유추가 가능합니다.

드림웍스 애니메이션 〈크루즈 패밀리 The Croods〉에는 비행飛行하는 방주가 등장합니다. '크루즈 가족'의 가장이 거대한 동물 뼈로 만든 방주인데요, 재료와 제작 비법과 동승자 목록은 스포일러여서 가려둡니다.

FEEDBACK 피드백

훌륭한 소통·혁신의 첫 단추

1970년대 후반 고故 이병철 회장은 고 이건희 회장에게 '경청傾聽' 휘호揮毫를 주었습니다. 철저하고 빈틈없는 성격이었던 이병철 창업주는 이건희 회장에게 자주 이렇게 조언했습니다.

"상대방 말을 주의 깊게 들으며 진심과 의도를 끄집어내야만 즉, 경청해야만 상대방을 설득해 움직일 수 있다. 어떤 싸움닭이 덤벼도 흔들리지 않는 '나무닭' 즉, 목계木鷄의 초연함과 의연함이 리더의 권위를 만들어낸다."

가장 훌륭한 설득 기술은 상대 말 경청

'인간은 귀가 둘인데 입은 하나인 이유는 말하는 것만큼의 두 배를 들을 수 있기 때문이다.'

로마 철학자 에피테토스Epictetus, 50년경~135년경의 명구입니다.

영문은,

> We have two ears and one mouth so that we can listen twice as much as we speak.

그의 가르침을 널리 알리는 현존 협상학 대가大家이자 퓰리처상 수상 저널리스트인 스튜어트 다이아몬드Stuart Diamond, 1948~는 저서 〈어떻게 원하는 것을 얻는가 Getting More〉에서 '더 얻는 방법들'을 제시합니다. 그가 특별히 강조하는 건 '상대의 마음을 잘 읽는 능력'과 '감정 공유의 중요성'입니다.

a, b, c, d, e, f가 포함된 '가장 짧은' 영어 단어는 뭘까요?

영문은,

> What's the shortest English word containing a, b, c, d, e, f?

이 명구에서 '가장 짧은'이 유독 눈에 꽂히지 않는지요. 피드백은 과정·단계가 '짧을수록' 소통에 더 도움이 된다는 의미로 읽히니까요.
정답은 **feedback**피드백입니다. 창조적인 조직은 상하 사이로나 수평 사이로나 피드백이 매우 잘 되지요. 훌륭한 소통good communication과 동시에 혁신 **innovation**의 출발이 바로 피드백이니까요.

조직의 '창조 지수'를 떨어뜨리는 가장 큰 적敵 하나가 소통의 불통입니다. 또 하나가 더딘 피드백**feedback**입니다.

영화 〈인턴 The Intern〉을 보다가 이렇게 상상해봤습니다. '최고경영자**CEO**·Chief Executive Officer가 최고경청자最高傾聽者 · **CEO** · Chief Listening Officer의 면모까지 갖춘다면 얼마나 금상첨화일까'하고….

'다른 사람을 설득하는 가장 좋은 방법은 귀를 기울여 상대방의 말을 경청하는 것이다.'

전 미국 국무부 장관 딘 러스크Dean Rusk, 1909~1994의 말입니다.

영문은,

> One of the best ways to persuade others is with your ears by listening to them.

경청이야말로 피드백처럼 훌륭한 소통**good communication**과 혁신**innovation**의 필수 첫 단추입니다.

지식은 말하고 지혜는 듣는다

칠십 대 남성 벤은 고령 인턴 프로그램 덕분에 재취업합니다. 삼십 대 여성 줄스는 그를 뽑은 온라인 쇼핑몰 경영자입니다.

40년간 전화번호부 인쇄회사에 다닌 벤은 신천지나 진배없는 분야에서 인생 2막을 엽니다. 줄스는 벤의 보배로운 경험담에 귀 기울여 회사 경영에 반영합니다.

회사를 성장시키는 지혜들 가운데 하나는 이것이라고 영화는 강조합니다.

    '경험은 절대 늙지 않는다.'

영문은,

    Experience never gets old.

영화는 2030 세대 직원들과 벤이 막힘 없이 어우러지는 사례들도 다채롭게 보여줍니다. 존중과 경청이 인간관계 증진과 소통의 핵심임을 강조하려는 겁니다. 이 교훈을 매우 잘 담은 명구가 있습니다. 에픽테토스의 명구를 압축한 촌철살인 은유입니다.

    '지식은 말하고 지혜는 듣는다.'

'지식은 입을 열어 떠들어 대지만 지혜는 귀를 열고 경청한다'라는 의미이지요.

영문은,

    Knowledge speaks, but wisdom listens. ✪

언박싱
삽화 이야기

목계木鷄는 '나무로 만들어진 닭'을 일컫습니다. '상대의 온갖 도발에도 동요하지 않고 평정을 잃지 않는 상태'를 상징하고요. 표현의 출처는 〈장자 莊子〉의 「달생편 達生篇」에 나오는 '싸움닭 우화'입니다.

중국의 어느 왕이 투계 사육사 기성자에게 최고의 투계를 만들어 달라고 했습니다. 맡긴 지 10일 후 왕이 묻습니다. "닭이 싸우기에 충분한가?" 이에 기성자가 대답하길, "닭이 강하긴 하나 교만합니다. 이 교만함이 없어지지 않는 한 최고의 투계는 아닙니다." 다시 10일 후 대답합니다. "교만함은 버렸으나 너무 조급해 진중함이 없습니다." 다시 10일 후 대답합니다. "눈초리가 너무 공격적이어서 최고의 투계는 아닙니다." 다시 10일 후 대답합니다. "이제 된 거 같습니다. 다른 닭이 아무리 도전해도 움직이지 않아 마치 나무로 조각한 목계木鷄가 됐습니다. 어떤 닭이든 그 생김새만 보고도 기겁해 도망칠 겁니다."

이 우화에서 유래한 사자성어가 '목계양도木鷄養到'입니다. '수양이 높고 매우 점잖은 사람'을 뜻합니다.

TEAMWORK 팀워크

팀과 팀워크의 핵심은 '**AND**'

Together Everyone Achieves More

의미는,

'**협업하면 모든 이가 더 많은 걸 달성한다.**'

이 명구에서 **together**의 함의는 협업**collaboration**입니다. 네 단어의 첫 글자를 조합하면 **TEAM**이고요.

Together
Everyone
Achieves
More

Alienus Non Ditius

라틴어입니다. 의미는, '우리는 더 이상 혼자가 아니다'. 조직의 성장과 성공을 이끄는 창의력 빅뱅 중 으뜸은 협업**collaboration**이지요.

이 라틴어 문구는 픽사 대학^{Pixar University}의 모토입니다. 영어로 옮기면 'Alone No Longer'입니다. 세계 최고 컴퓨터 애니메이션 제작사 픽사의 창의력 빅뱅입니다.

흥미로운 점은 라틴어 세 단어 Alienus Non Ditius의 첫 글자만 이어 붙이면 **AND**가 된다는 겁니다. **AND**는 '더하기' 개념이니까 본질적 의미가 '협업'이지요.

'도끼 맛을 본 장작'의 교훈

실화 〈씨비스킷 ^{Seabiscuit}〉은 위대한 팀워크를 잘 보여주는 드라마입니다.

이런 명문장이 있습니다.

> '불행은 할부로 오지 않고 일시불로 오기 때문에 대처하기 힘든 것이다.'

김언수의 소설 〈캐비닛〉에 나오는 문장입니다.

영문은,
> Bad luck does not come in installments. It comes all at once. That's what makes it so tough.

어떻게 오는 불행이든 그걸 잘 이겨낸 이를 가리켜 저는 '도끼 맞을 본 장작'이라고 은유합니다. 이 장작이 아궁이에서 몸을 맞대 서로를 불사를 때 군불의 화력은 훨씬 세기 마련이고요. 이 영화는 1930년대 미국 대공황기에 숱한 역경을 딛고 일어선 여러 장작의 감동적인 이야기입니다.

'인생에서 조금 상처를 입었다고 해서 생을 송두리째 포기해선 안 되는 것이지요.'

영화의 명대사로 영문은,
> You don't throw away a whole life just because it's banged up a little.

이 명대사는 부모에게 버림받은 후 생존을 위해 경마 기수가 된 왜소한 청년, 자동차 사고로 어린 아들을 잃고 마주馬主가 된 사업가, 산업화의 거센 물살에 밀려 대자연 속 삶의 터전을 잃자 조마사調馬師로 변신한 카우보이를 하나로 뭉쳐줍니다.
이들은 남들이 거들떠보지도 않던 왜소한 경주마 '씨비스킷'과 새 가족을 이루어 드림팀을 만드는데요. 누구도 예상하지 못한 명승부가 연달아 펼쳐집니다.
이들의 경이적 활약은 자신들은 물론 희망을 잃어가던 미국인의 가슴에 뜨거운 불꽃을 일으킵니다. 그들이 더 센 화력의 장작으로 거듭날 수 있었던 원동력 가운데 하나가 팀워크**teamwork**입니다.

다수多數가 모였다고 해서 팀이 되는 건 아니지요. 서로를 존중하고 신뢰하고 지켜줄 때 비로소 진정한 팀이 완성됩니다. 제각각 흩어지는 개인은 다 한 방울 물에 지나지 않지만 팀워크로 합력合力해 협업하면 대양이 되지요.

'슬픈 개'를 제거하라

그런데 그거 아세요. 조직 내 훌륭한 팀워크나 협업의 필수 요소가 '재미'라는 걸. 세계적 광고인 데이비드 오길비David Ogilvy, 1911~1999도 이렇게 설파했습니다.

> '사람들이 재미를 못 느끼는 조직은 좀처럼 좋은 작품을 만들어내지 못한다. 웃음으로 암울함을 죽여라. 활기를 북돋우라. 우울을 퍼뜨리는 슬픈 개를 제거하라.'

영문은,

> When people aren't having any fun, they seldom produce good work. Kill the grimness with laughter. Encourage exuberance. Get rid of sad dogs that spread gloom.

직장 내 재미는 직원의 '행복 지수'를 높여주는 핵심 요소입니다. 리더가 재미있게 일할 수 있는 환경을 조성해주면 사람들은 더 긍정적인 사고방식과 태도를 보이게 될 뿐만 아니라 더 높은 수준의 복지를 향유享有할 수 있기 때문입니다. 저술가 프랭크 소넨버그Frank Sonnenberg, 1955~는 직장 내 재미와 관련한 이 글을 썼습니다.

'일이 즐겁지 않다면 잘못된 팀에서 뛰고 있는 거다.'

영문은,

If work isn't fun you're playing on the wrong team.

재미없는 조직의 문화에 대해 경고하는 명구입니다. 조직이 더 훌륭한 협업·소통 문화를 만드는 방법은 '직원이 재미있게 일할 수 있게 돕는 문화를 조성하는 것입니다. 재미는 모두의 창의성·행복감을 북돋우니까요. 이에 관련하여 데일 카네기Dale Carnegie, 1888~1955의 이 명구도 빠트릴 수 없겠습니다.

'하는 일에 재미를 못 느끼는 사람은 거의 성공하지 못한다.'

영문은,

People rarely succeed unless they have fun in what they are doing.

Wayne Gretzky

A great hockey player plays where the puck is going to be.

위대한 아이스하키 선수는 퍽이 가 있을 자리에서 경기한다.

본편 상영관 **4**관

'창조적 리더'를 위한
불멸의 키워드 ①

VIP

VISION
IMAGINATION
PASSION

비전·창의·열정
삼위일체

비전은 남이 못 보는 걸 보는 역량

정치권에서 대통령을 칭할 때도 쓰는 코드명 **VIP**는 사전적 의미가 정부 요인이나 국빈 등과 같이 특별하게 대우해야 할 중요 인사를 지칭하지요.

이들은 모름지기 '매우 창의적인 사람 **Very Imaginative Person**' 또는 '매우 혁신적인 사람 **Very Innovative Person**'이어야 하지 않을까요.

    Very
      Imaginative
    Person

    Very
      Innovative
    Person

상상력·혁신력에 관해서는 3부 **본편 상영관** 6관에서 보다 심층적으로 다룹니다. 그러므로 여기 **본편 상영관** 4관에서는 비전**vision**과 열정**passion**에 집중하기로 합니다.

'비전은 남이 보지 못하는 것을 볼 수 있는 기술이다.'

풍자 소설 〈걸리버 여행기 Gulliver's Travels〉를 지은 아일랜드 작가 조너슨 스위프트Jonathan Swift, 1667~1745의 명구입니다.

영문은,

Vision is the art of seeing what is invisible to others.

'매우 창의적인 인물Very Imaginative Person'과 '매우 혁신적인 인물Very Innovative Person'을 뜻하는 VIP의 첫 번째 요소가 비전**vision** 역량입니다.

캐나다 태생 월드 클래스 아이스하키 선수 웨인 그레츠키Wayne Gretzky, 1961~의 명구도 빼어납니다. 탁월한 리더십으로 삼성전자를 이끈 권오현 전前 회장이 조직경영 비결서인 〈초격차-리더의 질문〉에서 언급한 글이기도 하지요.

'뛰어난 아이스하키 선수는 퍽이 있는 자리에서 경기한다. 한편 위대한 아이스하키 선수는 퍽이 가 있을 자리에서 경기한다.'

영문은,

A good hockey player plays where the puck is. A great hockey player plays where the puck is going to be.

두 번째 문장의 함의가 비전**vision**입니다. 아이폰과 컴퓨터 애니메이션 제작사 픽사**PIXAR**를 만든, 탁월한 비전 역량 소유자 스티브 잡스도 종종 인용한 명구이고요.

good은 **great**의 적이다

이 소제목은 미국의 경영 컨설턴트 짐 콜린스Jim Collins, 1958~가 낸 명저 〈좋은 기업을 넘어 위대한 기업으로 Good to Great〉의 본문 첫 문장입니다.

영문은,

   Good is the enemy of great.

'늘 갈망하라.'

스티브 잡스가 인용해 유명해진 명구들 가운데 하나이지요.

영문은,

   Stay hungry.

짐 콜린스의 명구를 대입해볼 때, 'good 수준'에 만족해 안주하거나 제 자리에 머무르지 말고 'great 수준'에 오르도록 부단히 노력하여 발전하고 성장하라는 의미가 'Stay hungry'의 핵심입니다.

> '우리 대부분이 가장 경계해야 할 위험은, 목표를 너무 높게 세워서 그걸 이루지 못하는 게 아니다. 목표를 너무 낮게 세워 그걸 덥석 이루어버리는 것이다.'

미켈란젤로의 명구입니다. 스티브 잡스가 즐겨 인용한 명구 'Stay hungry'의 함의含意와도 맥이 닿아있지요.

영문은,

> The greatest danger for most of us is not that our aim is too high and we miss it, but that is too low and we reach it.

한편, 미국 기업인 존 D. 록펠러John Davison Rockefeller, 1839~1937는 이렇게 말했습니다.

> '위대한 것을 위해 좋은 것을 포기하는 걸 두려워하지 말라.'

영문은,

> Don't be afraid to give up the good to go for the great.

비전이 먼저? 사람이 먼저!

그렇다면 비전이 먼저일까요, 사람이 먼저일까요. 짐 콜린스는 〈좋은 기업을 넘어 위대한 기업으로〉에서 탁견卓見을 내놓았습니다.

'사람이 먼저다. 비전은 다음이다.'

영문은,

First who… then what.

what은 '새로운 비전, 새로운 전략, 새로운 방향' 등을 뜻합니다. 한편 **who**는 '핵심 인력'입니다. 그러므로 위 문장은 핵심 인력 확보가 먼저고 다음이 미래의 먹거리 즉, 비전이라는 뜻입니다.

참고로, 짐 콜린스의 책이 세상에 나온 시기는 2001년 10월 16일입니다. 한국어 번역판은 2002년 6월 29일에 나왔고요.

2002년 6월 초. 고故 이건희 삼성그룹 회장은 경기도 용인 삼성인력개발원에 계열사 사장을 전부 불러 모았습니다. 삼성 사장단 워크숍이 열린 건데요, 흥미로운 건 이건희 회장이 짐 콜린스 책의 핵심을 이미 공유하고 있었다는 점입니다.

워크숍 제목은,

'S급 핵심 인력 확보, 양성 관련 사장단 Workshop'

워크숍을 주재한 이건희 회장이 사장단에게 이미 던진 화두話頭는 이것입니다.

"5년 후, 10년 후 우리는 무엇을 먹고사느냐?"

'변화의 속도가 빠른 디지털 시대엔 일류기업이라도 현실에 안주하다간 언제든 망할 수 있다'며 이 회장은 늘 위기에 대해 말해왔던 터였습니다.

당시 이건희 회장이 사장단에게 던진 화두를 통해 '미래의 먹거리'가 무엇일지 물었으니 모든 사장은 예상했던 질문인 양 하나같이 '무엇what' 즉, '비전vision'을 발표하였지요.

"앞으로 이런 사업을 한번 해볼까 합니다. 미래에 먹거리가 될 수 있을 거 같습니다."

한마디 토도 안 달고 모든 계열사 발표를 들은 이건희 회장이 마지막에 강평講評했습니다.

"사람은 있고? 사람도 없이 사업은 무슨 사업? 아무리 생각해봐도, 아무리 고민해 봐도 방법은 한 가지밖에 없다. 좋은 사람 데려와야 한다. 모셔 와야 하는 거지. 데려오는 게 아니라 삼고초려三顧草廬 해서라도 모셔 와서, 그 사람이 우리 회사에 맞추는 게 아니라 우리가 그 사람한테 맞춰야 한다."

'사람'은 비전을 현실로 실현할 수 있는 핵심 인력을 의미합니다. 이건희 회장은 S급 핵심 인력을 양성하든지 모셔 오든지 확보하는 과제가 얼마나 중요해졌는지를 힘주어 강조한 것이지요. 이건희 회장의 화두 질문은 어찌 보면 그가 작심하고 던진 함정질문이었던 셈이겠군요.

의미가 '뜻을 잇는 집'인 승지원承志園은 고 이건희 회장이 영접실로 사용한 공간입니다. 선대 회장 이병철이 살던 집으로 1987년 이병철 회장 사후 이건희 회장이 물려받았는데요, '선친의 유지를 잇는다'라는 의미에서 승지원이 되었다고 하지요.
삼성 영빈관인 '승지원' 영접실에는 한 폭 그림이 걸려있었습니다. 삼국시대 유비가 제갈공명의 마음을 얻고 그를 기용하기 위해 숨어 살던 제갈공명을 찾아가 삼고초려 하는 모습을 담은 그림입니다. 이용우 화백의 1950년 작 한국화이고요.
이건희 회장은 선대 회장에게 물려받은 '경청과 목계'의 가르침에 더하여 '삼고초려' 그림을 아들 이재용에게 물려줬다고 전해집니다.

이재용 회장은 2022년 6월 중 열흘가량 유럽 출장을 다녀왔습니다. 최첨단 미래 산업 분야의 연구과제를 알아보기 위해 독일과 프랑스 등을 돌아본 이후 귀국했을 때 출장 소감을 묻는 취재진 질문에 이렇게 말했습니다.

"시장의 혼동과 불확실성이 많은데 우리가 할 일은 좋은 사람을 모셔 오고 유연한 문화를 만드는 것입니다. 그다음에는 아무리 생각해봐도 첫 번째도 기술, 두 번째도 기술, 세 번째도 기술 같습니다."

'큰 사람이 없는 큰 비전은 쓸모가 없다.' 이 글도 짐 콜린스 책 〈좋은 기업을 넘어 위대한 기업으로〉에 나옵니다.

영문은,
Great vision without great people is irrelevant.

VIP를 분리해 만든 세 개 키워드는 비전·상상력·열정입니다. 즉, **V**ision, **I**magination, **P**assion입니다. ✪

언박싱
삽화 이야기

프로 골퍼 더스틴 존슨Dustin Johnson이 미국 조지아주 오거스타 내셔널 골프 클럽에서 개최된 제84회 마스터즈 토너먼트Masters Tournament에서 최정상에 등극했습니다. 관례대로 지난해 우승자 타이거 우즈가 그에게 그린재킷을 입혀줄 때 초록색 의상을 갖추고 응원한 여인 폴리나 그레츠키가 함께 기쁨을 나눴습니다. 그녀는 웨인 그레츠키의 딸입니다.

웨인 그레츠키는 역사상 가장 위대한 하키 선수 중 한 명인 전설적 인물인데요, 그의 철학이 녹아든 촌철살인 즉, '위대한 하키 선수는 퍽이 가 있을 곳에서 경기한다A great hockey player plays where the puck is going to be'는 스포츠 밖 어떤 분야에서든 '끊임없이 앞을 내다보고, 변화를 예측하고, 미래를 계획하라' 하고 우리를 북돋웁니다.

보통 사람들 다수는 현재 순간에 사로잡혀 즉각적인 상황 너머를 보지 못하는 자신을 발견하곤 하지요. 이러한 협소한 관점은 장기 계획을 수립할 수 있는 역량을 제한하고 방해할 수 있지요. '퍽이 있을 곳에서 경기하라.' 이는 궁극적으로 변화를 수용하고, 새로운 환경에 적응하고, 개인으로서 지속해서 성장하라는 격려와 맞잡이입니다.

3부 본편 상영관 209

Vison is the art of seeing what is invisible to others.

비전은 남이 못 보는 걸 볼 수 있는 기술이다.

VISION 비전

'퍽'이 있을 곳에서 경기하는 기술

융합 놀이를 즐겨라!

세계경제포럼Davos Forum, World Economic Forum: WEF은 전 세계 저명 기업인·경제학자·저널리스트·정치인 등이 모여 범세계적 경제문제를 토론하고 실천의 과제를 모색하는 국제 민간회의입니다. 1971년에 창립됐고요.
포럼을 만든 클라우스 슈바프Klaus Schwab, 1938~가 도서 〈제4차 산업혁명〉에서 이렇게 권합니다. '융합 놀이를 즐겨라. 특히 물리학 기술·디지털 기술·생물학 기술을 융합하는 재미에⋯.'

저는 '창조적 두뇌 소유자'와 관련한 글에서 ICTInformation and Communication Technology·정보통신기술를 언어유희 해 이렇게 변주하였지요.

Ideas **C**onnect **T**echnologies.

'아이디어는 기술과 기술을 융합한다'라는 의미이고요.

"손에 쥔 사과 한 개씩을 두 사람이 맞바꾸면 사과는 여전히 각자 손에 한 개다. 하지만 아이디어를 맞바꿔보라. 그러면 각자 손엔 두 개의 아이디어가 생긴다."

1925년 노벨문학상을 탄 극작가 조지 버나드 쇼George Bernard Shaw, 1856~1950의 명구입니다. 이 명구에서도 영감을 얻었을 법한 스티브 잡스가 회사 이름을 '애플'로 짓지는 않았을까요.

'비전은 남이 못 보는 걸 볼 수 있는 기술이다.'

소설 〈걸리버 여행기〉 작가 조너슨 스위프트의 이 명구를 우리는 앞에서 영문으로도 만나봤지요. '비전 역량'이 남달리 탁월했던 스티브 잡스는 컴퓨터 영화 제작의 미래를 누구보다 먼저 내다보고 1986년에 이 비전을 제시했습니다.

'10년 후 컴퓨터가 만드는 영화를 세상에 내놓겠다.'

이 약속, 즉 그가 비전을 지켰을까요. 실행력이 뿌리인 혁신력의 아이콘 스티브 잡스는 9년만인 1995년 최초의 장편 컴퓨터 애니메이션 〈토이 스토리 Toy Story〉를 세상에 내놓았습니다.

스티브 잡스가 비전을 실현한 도구는 융합입니다. 그의 애니메이션 제작사 이름 픽사PIXAR가 잘 말해줍니다. 픽사는 화소畵素·PIXEL와 예술ART을 조합한 브랜드이니까요.
이후 픽사가 만드는 작품은 컴퓨터 기술과 예술의 융합, 과학과 인문학의 융합, 컴퓨터 천재와 애니메이터의 창의적 협업이 만든 산물이지요.

픽사 영화 가운데 '융합'이 소재인 탁월한 작품이 있습니다. 걸작 〈라따뚜이 Ratatouille〉인데요, 파리Paris 최고의 요리사를 꿈꾸는 왕따 생쥐가 주인공인 좌충우돌 성공담입니다. 하루는 딸기와 치즈를 한꺼번에 입에 넣는 걸 보여준 후 동료 쥐들에게 말합니다.

"각각의 맛이 완전하게 고유했어. 그런데 두 맛을 섞자 기막힌 새 맛이 만들어졌단 말이지."

영문은,

Each flavor was totally unique. But, combine one flavor with another, and something new was created.

융합 개념을 어린이 관객의 눈높이에 맞춘 대사이지요.

당신이 먹는 게 당신이다

주인공 생쥐의 대사이기도 한 이 소제목의 영문은 'You are what you eat'입니다. 이 명구는 19세기 초로 유래가 거슬러 올라가는 'Tell me what you eat and I will tell you what you are당신이 무엇을 먹는지 말해주면 당신의 건강 상태가 어떤지 내가 말해주겠다'의 파생 문장이지요. 프랑스 미식가 장 알텔름 브리야 사바램Jean Anthelme Brillat-Savarim, 1755~1826이 1825년에 내 책에 쓴 글입니다.

이 명구를 변주한 문장도 우리는 잘 압니다.

'당신이 읽는 것이 당신이다.'

영문은,

You are what you read.

기술과 예술 분야, 과학과 인문학 분야를 넘나드는 통섭通涉의 독서야말로 창조적 놀이법입니다. ✪

언박싱
삽화 이야기

드림웍스의 창립 멤버 제프리 카첸버그Jeffrey Katzenberg, 1950~가 월트디즈니에 몸담고 있을 때 스티브 잡스는 첫 장편 애니메이션을 공동으로 제작하기 위해 월트디즈니와 계약했습니다. 애니메이션 주인공은 사악한 복화술 토이로 다른 토이를 학대하는 악당 캐릭터인데요, 시나리오를 받아든 디즈니 경영진은 제작을 일단 중단합니다. 시나리오 제목은 '토이 스토리 Toy Story'입니다.

매우 부정적인 피드백이 나온 터라 애니메이터 존 라세터John Lasseter, 앤드류 스탠튼Andrew Stanton, 피트 닥터Pete Docter는 1991년 겨울 두 번째 초안을 들고 모였는데요, 악당 우디 캐릭터는 인간 소년 앤디의 장난감을 학대하는 폭군 보스에서 지혜롭고 배려심 많으며 앞을 내다볼 줄 아는 보안관 우디로 재탄생했습니다. 영화가 완성된 해는 1995년입니다.

1995년 11월 22일 영화가 공개됐을 때 스티브 잡스가 예측한 손익분기점은 7천 500만 달러였습니다. 제작비 3,000만 달러의 〈토이 스토리〉는 첫 주에만 자그마치 3,000만 달러를 벌었습니다. 전 세계 최종 흥행성적은 약 4억 달러입니다.

IMAGINATION 상상력

신이 인간에게 달아준 날개

어설픈 벤치마킹으로는 리더가 될 수 없다

'벤치마킹bench marking'은 '기업의 경영 분야에서 어떤 기업이 다른 기업의 제품이나 조직의 특징을 비교 분석하여 그것들의 장점을 보고 배우는 경영 전략'입니다.

한편, 책 〈내가 상상하면 현실이 된다 Screw it, Let's Do It: Lessons in Life〉를 지은 버진 그룹Virgin Group 회장 리처드 브랜슨Richard Branson, 1950~ 경은 이렇게 선언했습니다.

"어설픈 벤치마킹으로는 리더가 될 수 없다."

할리우드 영화계도 수많은 영화를 벤치마킹합니다. 사례로는, 해양이 무대인 스필버그Steven Spielberg, 1946~ 감독의 〈죠스 Jaws〉를 우주공간으로 무대를 바꾸고 식인 상어 대신 외계생명체를 등장시킨 〈에일리언 Aliens〉 시리즈가 훌륭합니다.

'나 홀로' 경찰관이 테러범과 대적하는 〈다이하드 Die Hard〉 시리즈의 초고층 빌딩 폐쇄 공간을 도심에서 질주하는 버스 속 공간으로 옮겨놓은 〈스피드 Speed〉도 좋은 사례이고요.

이들 창의적 벤치마킹 사례는 흥행에서도 대성공했는데요, 반대 사례도 적지 않지요. 스티븐 킹의 베스트셀러 소설을 각색한 영화 〈쇼생크 탈출 Shawshank Redemption〉은 알렉상드르 뒤마Alexandre Dumas, 1802~1870의 소설 〈몽테크리스토 백작 The Count of Monte Cristo〉을 훌륭하게 벤치마킹해 대성공한 작품인데요, 이걸 '어설프게' 벤치마킹한 버전이 〈쓰리 데이즈 The Next Three Days〉입니다. 살인 누명을 쓰고 20년간 복역해야 하는 아내를 그의 남편이 탈옥시켜 베네수엘라로 함께 도주한다는 게 주된 내용이지요.

파블로 피카소가 선언했습니다. '위대한 예술가는 훔친다Great artists steal'라고. 스티브 잡스가 종종 인용한 명구이지요. 키워드 벤치마킹에는 본질적으로 '훔치다'의 은유 개념이 들어있다고 봐도 무방하겠습니다.

모든 창조적 행위의 출발은 파괴다

이것도 파블로 피카소의 명구입니다.

영문은,

> Every act of creation is first an act of destruction.

퍼스트 무버first mover 즉, 선도자先導者 개념이 정착하기 훨씬 전 그 지위를 누리고 있던 스티브 잡스는 1986년 최초의 컴퓨터 애니메이션 제작사 픽사 PIXAR를 창립했고, 혁신적 첫 작품으로 1995년 작 〈토이 스토리 Toy Story〉를 내놔 센세이션을 일으켰지요.

컴퓨터 애니메이션 시장에서 게임체인저 지위를 선점한 스티브 잡스의 탁월한 역량은 창의력의 뿌리인 창조적 상상력creative imagination입니다. 이는 독창적 아이디어original idea를 만드는 역량을 일컫습니다.

게임체인저 지위를 선점당하자 패스트 팔로워fast follower 즉, 추격자로 발 빠르게 뛰어든 이가 있었으니, 스티븐 스필버그 등과 드림웍스DreamWorks를 창립한 제프리 카첸버그Jeffrey Katzenberg, 1950~ 입니다. 그는 월트디즈니의 전통적 수작업手作業 애니메이션cel animation의 지휘부 출신입니다.

'모든 창조적 행위의 출발은 파괴다'라고 선언한 피카소의 말을 충실하게 따르는 제프리 카첸버그는 필살기가 '역발상 상상력'과 '벤치마킹 전략'입니다. 〈슈렉 Shrek〉과 〈쿵푸 팬더 Kung Fu Panda〉 시리즈 등 그의 대표작 면면을 톺아보면 이들 필살기가 얼마나 탁월한지 알 수 있지요.

스티브 잡스의 대항마로 출사표를 던진 그는 세상에 널리 알려진 아이디어를 뒤집거나 파괴하고 관객이 예상하지 못한 곳으로 빠져나가는 극 전개 그리고 유명 캐릭터를 패러디 방식으로 엉뚱하고 발칙하게 벤치마킹하는 놀이의 대가입니다.

상상력은 창조의 시작이다

상상력은 모든 곳으로 가는 황금 길golden pathway입니다. 픽사의 장편 애니메이션 〈토이 스토리〉가 불멸의 명대사 '날자, 무한 너머로To infinity and beyond'를 맨 앞에 세운 건 무한 너머로도 날 수 있게 하는 무기가 상상력임을 강조하려는 의도입니다.

노벨문학상 극작가 조지 버나드 쇼는 '창조의 시작은 상상력이다'라고 했습니다.

영문은,

    Imagination is the beginning of creation.

애니메이션은 표현 못하는 시공간, 사건, 무대, 캐릭터, 상황 등이 없지요. 이야기를 짓는 시나리오 작가나 영화를 연출하는 애니메이터 그리고 창조적 리더십이 탁월한 제작자에게는 '무한 너머로 날 수 있는 날개' 즉, 창조적 상상력이 있기 때문이지요.

'역발상 상상력'에 관해선 3부 **본편 상영관** 6관 – **CICI** 가운데 상상력 imagination 편에서 심층적으로 상영하겠습니다. ✪

언박싱
삽화 이야기

러시아는 2022년 2월 24일 새벽 4시경 우크라이나의 영토 침공을 개시했습니다. 이후 세계적 브랜드인 스타벅스, 맥도날드, 이케아, 패스트 패션Fast Fashion 대기업 H&M 등이 이 군사 작전에 대응해 러시아에서 철수하거나 운영을 중단하기 시작했습니다.

스타벅스가 이탈하자 서구식 소비문화의 안락함에 익숙해져 있던 러시아인들은 심리적 타격을 느꼈는데요, 러시아 기업가들은 갑작스레 빈 상점에 '짝퉁 이름'을 내붙여 기회를 만들기 시작했습니다. 대표적인 러시아 브랜드가 스타즈 커피STARS COFFEE입니다. 참고로, 스타벅스는 러시아 진출 15년 만에 당시 130개였던 모든 매장에서 철수했습니다.

스타즈 커피는 스타벅스의 인어를 자기네 식으로 변형하였습니다. 흘러내리는 머리카락과 수수께끼 같은 미소 그리고 그녀 머리 위에 붙은 별 등. 한편, 인어는 스타벅스 왕관 대신 코코쉬닉kokoshnik이라고 불리는 러시아 머리 장식을 착용하고 있고요.

PASSION 열정

절대 꺼트리면 안 될 '가슴속 불'

F2TF

'**F**ight **T**o **T**he **F**inish.' 이 문장 네 개 단어에서 첫 글자만으로 조합한 표현입니다.

의미는,
> 끝까지 포기하지 말라.

To는 발음이 흡사한 **2**^{two}로 대체되었지요. 이걸 실천하려 할 때마다 교만 **pride**과 두려움**fear**이 나서서 도전하려는 이를 말립니다.

"불가능해 It's impossible."

경험 experience 은 이렇게 겁줍니다.

"위험해 It's risky."

이성 reason 은 이렇게 끼어듭니다.

"의미없어 It's pointless."

한편, 가슴 heart 은 의젓하게 속삭입니다.

"한번 해봐 Give it a try."

'가슴'은 결연하게 이렇게도 조언합니다.

"말만 앞세우고 행동 안 하면 그건 박동이 멈춘 심장과 같아."

영문은,

Words without action is like a heart with no beat.

'야망은 당신이 달성하고자 하는 결과다 Ambition is the outcome you want to attain. 열망은 당신이 되고자 하는 사람이다 Aspiration is the person you hope to become.'

시카고대학교 철학 교수 애그니스 칼라드Agnes Callard, 1976~가 내린 야망과 열망의 정의입니다.

그럼 열정Passion은? 우리가 꺼트리면 안 되는 불입니다, 늘 박동이 뛰게 해야 할 불 즉, '가슴속 불'입니다. 좋아하는 걸 하려 할 때마다, 하고 싶은 걸 하려 할 때마다 힘과 용기가 솟게 하는 불입니다.

심리학자 안젤라 덕워스Angela Duckworth, 1970~는 자신의 책 제목 '그릿GRIT'의 뜻을 이렇게 풀이합니다.

> "재능과 환경을 뛰어넘는 태도이며 열정과 집념을 잃지 않는 불굴의 끈기다."

저자는 다양한 도전의 결승선 앞에서 무릎 꿇지 않는 이들을 연구해 그 결과를 밝힙니다.

> "좌절을 딛고 일어나 도전에 성공하고 시작한 건 반드시 끝내고야 마는 이는 '그릿'이 남다르다."

전기영화 〈레이스 Race〉의 소재는 흑인 탄환 제시 오언스의 '그릿'입니다. 1936년 베를린올림픽에 출전하기 전 이미 100m와 200m 달리기, 225m 허들, 멀리뛰기로 세계신기록을 세운 그는 큰 두려움에 시달립니다. 그의 압도적 실력이면 메달 색깔은 걱정 안 해도 되건만 피부색은 그의 자유와 의지를 거세

게 짓누릅니다.

제시는 나치 정부로부터 신변의 위협까지 받습니다. 결국 두려움과 경험과 이성이 그를 막고 나섭니다. '출전 포기' 쪽으로 마음을 굳히려는 그에게 아내가 속삭입니다.

"마음의 소리를 들어봐,"

영문은,

Listen to your heart.

마침내 제시가 비상합니다. 무려 네 종목 금메달을 향하여…! ✪

언박싱
삽화 이야기

Stay gritty!!!

'중요한 건 꺾이지 않는 마음이다.' 이걸 줄여 '중꺾마'라고 하지요 이에 가까운 영어가 grit이고 의미는 '굴하지 않는 투지 鬪志, the fighting spirit to win'입니다. 심리학자 안젤라 덕워스는 자필 사인autograph을 할 때 문장 'Stay gritty!'를 첨가하기도 합니다. 의미는, '투지, 끝까지~!'쯤이겠고요.

제시 오언스는 1936년 베를린 하계 올림픽에서 네 개 금메달을 획득하여 국제적 명성을 얻었습니다. 올림픽 역사에서 가장 성공한 선수로 평가받는 그는 미국 흑인으로서 '히틀러의 아리아 우월주의 신화Hitler's myth of Aryan supremacy'를 단독으로 무너뜨린 불굴의 선수로도 인정받았습니다.

아래는 제시 오언스의 1936년 베를린 하계 올림픽 성적입니다.

1936. 8. 3 100m 달리기 10.3초 금메달
1936. 8. 4 멀리뛰기 8.06m 금메달
1936. 8. 5 200m 달리기 20.7초 금메달
1936. 8. 9 4×100m 계주 금메달

본편 상영관 **5**관

'창조적 리더'를 위한
불멸의 키워드 ②

CSI

CHANGE-MAKER
STORYTELLER
INNOVATOR

변화·스토리텔링·혁신 삼위일체

'여전히 그녀는 내가 아는 최고의 체인지메이커입니다.'

체인지메이커change-maker는 42대 미국 대통령 빌 클린턴이 만든 조어造語입니다. 아내 힐러리 클린턴이 2016년 45대 미국 대통령 선거에서 민주당 후보로 확정된 직후 그녀를 위해 연설할 때 빌 클린턴이 처음 쓴 표현입니다. 영영사전에는 아직 등재돼 있지 않습니다. 불멸의 키워드로 인정받을 수 있을지 여부도 미지수입니다.

빌 클린턴은 이 말로 앞 문장을 이어갔습니다.

'힐러리는 기회를 포착하고 우리가 직면하는 위험을 줄이는 독보적 자격을 갖추고 있습니다.'

영문은.

> Hillary is uniquely qualified to seize the opportunities and reduce the risks we face.

문학작품처럼 영화가 다루는 가장 위대한 주제 가운데 하나는 변화change입니다. 대단원에 이르면 영화 주인공에게 변화가 일어납니다. 제도에 변화가 일어납니다. 사회도 세상도 변화합니다. 영화를 보며 관객은 '변화하는 나, 변화를 일으키는 나', '변화하는 삶, 변화를 일으키는 삶'을 꿈꾸고 열망합니다. 리더로 성장해 세상에 변화를 일으켜보겠다는 꿈을 키웁니다.

지능의 척도는 변화할 수 있는 능력

아인슈타인의 명구입니다.

영문은,

> The measure of intelligence is the ability to change.

변화에 개방적이지 않은 리더는 미래를 놓치게 될 게 분명합니다. 그렇다면 변화에 개방적인 사람이 되기 위해선 무엇이 첩경일까요. 진정한 변화는 모든 참된 배움의 결과이지요.

극작가 조지 버나드 쇼가 말했습니다.

'마음을 바꿀 수 없는 사람은 아무것도 바꿀 수 없다.'

영문은,

Those who cannot change their minds cannot change anything.

모든 변화는 그 시작이 열린 마음이지요. 자신에게 변화를 일으키기 시작하면 새로운 경험을 통해 배우게 됩니다. 더 나은 발견을 하게 됩니다. 삶에 대한 현재의 인식에 도전하게 됩니다. 궁극적으로 열린 마음을 갖게 되고 더 나은 변화를 일으키기 위하여 자신을 향해 더 많은 것을 요구하게 됩니다.
이런 과정에서 지능은 향상됩니다. 더 나은 삶과 리더십을 키울 수 있는 새로운 아이디어 환경에 노출됩니다. 그리고 지속해서 자신을 교육하고 자신을 재창조하고 더 훌륭한 통찰력을 얻게 됩니다. 이처럼 지능의 척도는 변화할 수 있는 능력인 동시에 변화를 일으킬 수 있는 능력입니다.

변화를 일으키려는 리더는 외칩니다. '목소리를 내지 못하는 이들을 대변하는 목소리voice of the voiceless'가 되겠다고. '방어할 힘이 없는 약자들을 지켜주는 이defender of the defenseless'가 되겠다고.

이런 영어 표현도 있습니다. 'help for the helpless'. 도움이 절실한 이들을 위한 조력자라는 뜻입니다. 여기, 조력help을 통해 사회에 변화change를 일으키는 리더의 이야기가 있습니다. 영화 〈헬프 Help〉입니다. 작품 주제는 이것입니다.

'가장 훌륭한 리더십은 타인이 성장·성공하도록 돕는 것이다'

영문은,

　　The greatest leadership is helping others grow and succeed.

드라마 〈헬프〉는 훌륭한 리더십 역량의 하나로 공감sympathy을 꼽습니다. 무대는 흑백 인종차별이 극심했던 1960년대 초 미국 미시시피주.

신출내기 여기자 스키터는 '흑인 하녀help로 살아가기'에 관한 책을 쓰려고 취재에 나섭니다. 그녀는 '다' 뛰어납니다. 여기서 '다ALL'는 '묻고 경청하여 여론을 선도해 사회에 변화를 일으키는 능력'입니다.

　　Ask 묻다
　　Listen 듣다
　　Lead 이끌다

행여 백인에게 들켰다간 치도곤당할 수 있기에 흑인 하녀들은 스키터의 취재에 응하는 걸 두려워합니다. 하지만 차별로 인해 흑인 희생자가 속출하자 끝내 달라집니다. 비밀 모임을 열어 스키터에게 이렇게 약속합니다.

　　"우리 다 당신을 돕겠어요."

영문은,

We all are going to help.

강고한 인종차별 둑에 구멍을 뚫어 거대한 변화를 일으킬 '봇물 터지는 인터뷰'가 시작됩니다.

체인지메이커**change-maker** 스키터는 스토리텔러**storyteller**로서도 빼어납니다. 핍박받는 흑인 하녀들의 신분을 보호하고 그들의 삶을 광대역으로 널리 알릴 방법을 만들어내는데요, 백인 주부와 흑인 하녀를 다 가명으로 내세우는 식입니다. 그러자 백인 주부들은 흑인에게 봉변당하는 특정 에피소드가 자기들 사례인데도 대놓고 인정하지 못합니다. 소설 〈헬프〉는 흑백 인종차별 개선 방향에 큰 변화를 일으킬 촉매제가 됩니다. 생각에만 그치지 않고 자신의 비전을 실행에 옮겼으니 스키터는 혁신가**innovator**입니다.

CSI를 분리한 키워드 세 개는 체인지메이커, 스토리텔러 그리고 혁신가입니다. 즉, **C**hange-maker, **S**toryteller, **I**nnovator입니다. ★

언박싱
삽화 이야기

영화 〈히든 피겨스 Hidden Figures〉는 무명의 흑인 여성 삼총사가 경광등까지 켠 경찰관의 에스코트를 받으며 출근하는 장면으로 시작합니다. 이 여성들을 대놓고 인종차별 하려다가 그들이 NASA미국항공우주국에 근무한다는 사실을 확인하곤 백인 경찰관이 그들을 예우한 것입니다.

한 경찰관이 남성 4인조가 누군지 단박에 알아챕니다. 그가 곧바로 그들을 예우한 행동은 차량 통행을 막아준 것. 남성 4인조란 존 레넌, 폴 매카트니, 링고 스타, 조지 해리슨입니다. 원래 그들은 앨범 커버를 찍을 장소로 히말라야를 지정했고 앨범 이름을 에베레스트로 정하려 했는데요, 멀리까지 가기 귀찮아지자 가까운 데서 찍기로 해 궤도수정한 겁니다.

'가까운 곳'이란 애비 로드 스튜디오와 그 앞 횡단보도입니다. 1969년 비틀스가 마지막으로 제작한 명반의 이름은 '애비 로드Abby Road'. 비틀스식 예술을 집대성한 앨범이자 1960년대 대중음악의 표본으로 평가받는 명작이지요.

CHANGE-MAKER 체인지메이커

위기를 기회로 만드는 창조적 리더

What Would Steve Jobs Do?

40권 넘는 책을 낸 비즈니스 컨설턴트 피터 샌더^{Peter Sander}의 2010년 도서 제목입니다. 그는 책에서 경영자라면 누구나 탐낼 잡스의 '혁신 꿀팁'을 소개합니다.

위 소제목의 의미는,
  스티브 잡스라면 어떻게 할까?

한편 스티브 잡스의 픽사가 만든 장편 애니메이션 〈도리를 찾아서 Finding Dory〉는 이 질문을 화두로 던집니다.

'도리라면 어떻게 할까?'

영문은,
What would Dory do?'

도리는 모험심 많은 물고기 블루탱입니다. 도리와 혁신가 잡스는 어떤 공통점이 있는지 한번 톺아보았습니다.

고아 도리는 상상력과 실행력이 뛰어납니다. 문제는 무슨 기억이든 10초 만에 까먹는다는 것. 그런데도 도리가 망망대해를 건너려 합니다. 목표는 어릴 때 잃어버린 부모 찾기. 목적지는 캘리포니아 아쿠아리움. 자기가 거기서 태어났다는 걸 기억해내면서 도리의 오디세이가 시작됩니다.

친구들이 돕겠다고 나섭니다. 촉수 한 개가 없는 문어, 지느러미가 짝짝이인 흰동가리. 머리 다친 흰 돌고래 등이 그들입니다. 뿔뿔이 흩어져 바다와 아쿠아리움을 넘나들며 모험하다가 난관에 부딪히면 이들이 꼭 던지는 공통 질문이 이겁니다.

'도리라면 어떻게 할까?'

틀을 깨는 혁신가를 발굴하라

피터 샌더의 책에 이런 꿀팁이 있더군요.

'틀을 깨는 혁신가를 발굴하라.'

영문은,
Find rule-breakers.

"넌 못해'란 말을 욕이라고 여기는 사람들로 조직을 채워라.'

영문은,
Create an environment filled with people who consider "can't" a bad word.

도리야말로 '틀 깨기'를 즐깁니다. '넌 못해'란 소릴 들으면 질색합니다. 그걸 알게 된 친구들이 도리를 롤모델로 삼아 변화하기 시작합니다. 이들이 짜는 기막힌 상봉 작전과 그걸 실행에 옮기는 어드벤처는 가려둡니다. 도리는 길을 잃으면 무엇을 해야 할지도 기억해냅니다.

'조개껍데기들을 따라가렴.'

영문은,

Follow the shells.

어릴 때 부모가 가르쳐준 이 방법대로 바다 밑바닥을 수색하던 도리가 마침내 찾아냅니다. 조개껍데기로 만들어놓은 활주로 모양의 길입니다. 자식에게 '넌 못해'라는 말은 절대 안 하였던 부모가 어린 딸이 언젠가는 틀림없이 집을 찾아올 거라 믿고 만든 그 길입니다.

이 대목에서 명장 마틴 스코세이지 감독의 명문장을 소개합니다. 4관 **1,000편 일류 상영관**에 나오는 명구입니다.

　'영화는 우리의 가슴을 건드리고, 미래를 보는 눈이 뜨이게 해주고 사물을 바라보는 방식을 바꿔준다.'

영문은,
　Movies touch our hearts and awaken our vision, and change the way we see things. ✪

언박싱
삽화 이야기

도리Dory는 블루 탱blue tang이라 불리는 남양쥐돔입니다. 애니메이션 〈니모를 찾아서 Finding Nemo〉와 〈도리를 찾아서 Finding Dory〉의 주요 캐릭터이고요. 그녀는 '단기 기억 상실증short-term memory loss'을 앓고 있는데요, 어린아이 같은 낙관주의childlike optimism와 인간과 고래 등의 다른 언어로도 의사소통이 가능한 능력자입니다.

참고로, 프랑스 소설가 쥘 베른Jules Verne, 1828~1905의 해양 SF 소설 〈해저 2만리 20,000 Leagues Under the Sea〉에는 '네모Nemo' 선장이 등장하지요. 시대를 앞선 기술력으로 만들어진 잠수함 노틸러스의 선장이고요. 정체불명의 위험한 사나이로 묘사되는 그의 이름은 라틴어 'Outis'에서 어원을 찾을 수 있겠습니다. 그 뜻은 '아무도no one, nobody'.

〈니모를 찾아서〉에서 도리는 호기심 많은 흰동가리 니모Nemo가 먼바다에 나갔다가 길도 가족도 다 잃었을 때 망망대해에서 니모를 찾는 일에 크게 기여합니다. 장편 애니메이션 제작사 픽사의 이들 애니메이션에서 '아무것도 아닌 존재nobody'였던 니모와 도리는 '대단한 존재somebody'로 거듭나지요.

Steve Jobs

The most powerful person in the world is the storyteller.

세상에서 가장 영향력 있는 사람은 스토리텔러다.

STORYTELLER 스토리텔

'생각해볼' 질문을 던지는 리더

무엇이 우리를 특별하게 만드는가?
왜 인간이 세상을 지배하는가?

2015년 BBC 방송 인터뷰 때 책 〈사피엔스 Sapience〉의 저자 유발 하라리Yuval Noah Harari, 1976~가 묻고 답했습니다.

> '인간을 대중과 소통하게 해주고 다른 경쟁종競爭種 동물을 통제할 수 있
> 게 해주는 신화와 이야기를 믿는 인간의 능력과 상상력에 답이 있다.'

'사실을 말하면 내가 배우겠다.

진실을 말하면 내가 믿겠다.

스토리를 들려주면 그게 내 마음속에 영원히 남을 것이다.'

아메리카 원주민 속담입니다. '스토리의 불멸성'을 잘 말해주고 있습니다.

영문은,

Tell me the facts and I'll learn.

Tell me the truth and I'll believe.

But tell me a story and it will live in my heart forever.

스티브 잡스는 스토리텔러를 무엇이라고 정의했을까요. '세상에서 가장 영향력 있는 사람'이라고 했습니다.

영문은,

The most powerful person in the world is the storyteller.

그렇다면 그는 왜 스토리텔러가 가장 영향력 있다고 주장한 걸까요. 그의 탁견卓見에는 세 개 키워드가 있습니다.

vision 비전

value 가치

agenda 의제

'스토리텔러는 다음 세대 전체의 비전, 가치, 그리고 의제를 설정한다.'

영문은,

The storyteller sets the vision, values, and agenda of an entire generation that is to come.

'생각해볼' 질문을 던지는 리더

스토리텔러가 가장 영향력 있는 사람인 이유에 대해 휴고상 수상작 〈황제의 영혼 The Emperor's Soul〉 등으로 널리 알려진 영미권 SF 판타지 작가 브랜든 샌더슨 Brndon Sanderson, 1975~은 이 명문으로 대답을 대신합니다.

'스토리텔러의 목적은 우리에게 생각하는 방법을 알려주는 게 아니라 우리가 생각해볼 질문을 던진다는 것이다.'

영문은,

The purpose of a storyteller is not to tell you how to think, but to give you questions to think upon.

위대한 질문을 통해 스토리텔러가 우리에게 알려주려는 삶의 궁극적 본질은 변화 change입니다. 그렇기에 스토리텔러의 역할은 위대합니다. ★

Reed Hastings

> Huston, we have a problem.

Create an environment filled with people who consider "can't" a bad word.

'할수없다'라고 말하지 않는사람을 주변에 두어라.

뉴욕타임스 베스트셀러 목록에 120주 연속 올라 있었고 그중 1년은 1위에 올랐던 책으로 전 세계 7백만 명 이상 독자의 삶에 '변화'를 일으킨 책이 있습니다. 〈혼자 사는 즐거움 Simple Abundance〉의 작가 사라 밴 브레스낙 Sarah Ban Breathnach은 변화를 이렇게 설파했습니다.

> '삶의 본질은 변화다. 변화는 위대한 도전이고 상수다. 변화는 이야기의 궁극적 전달자다.'

영문은,

> Change is the essence of life; change is the great challenge, the great constant. Change is the ultimate teller of tales.

한편, '스토리텔링'이 '스토리마케팅'의 의도로 만들어져 신화처럼 굳어진 사례도 있습니다.

휴스턴, 문제가 발생했다!

이 소제목은 1995년 영화 〈아폴로 13 Apollo 13〉의 명대사입니다.

영문은,

> Huston, we have a problem.

한 미국인 남성이 빌려온 비디오테이프를 6주째 반납하지 않았다는 걸 알게 됩니다. 그가 술회합니다.

"순전히 제 잘못입니다. 연체료 40달러를 물어야 했어요. 하루는 헬스장에 가던 중 깨닫게 됐지요. 운동은 며칠을 하러 가든 상관없이 월 회비가 30~40달러 정도잖아요. 순간 저는 영화 대여업을 위한 더 좋은 비즈니스 모델을 구상했어요."

이 남성이 빌린 영화가 〈아폴로 13〉입니다. 그도 집에다가 혹시 이렇게 알렸을까요.

"여보, 나 문제가 생겼어."

당시는 비디오테이프 대여 시대가 저물어가고 있었습니다. DVD 대여 시대가 도래하던 때였는데요, 이 남성은 고객이 월정액만 내면 영화를 몇 편 빌려보든 상관없는 비즈니스 모델을 만들었습니다. 영화 DVD는 우체국 택배 서비스를 통해 대여해주고 고객이 영화를 보고 나서 우편함에 넣어두면 집배원이 되찾아가는 사업 아이디어였고요. 이게 넷플릭스NETFLIX사업의 효시입니다.

문제는 이 사연이 브랜드 스토리마케팅을 위해 이 남성이 '지어낸 이야기'라는 신화가 존재한다는 겁니다. 그는 넷플릭스 창립자 겸 회장인 억만장자 사업가 리드 헤이스팅스Reed Hastings, 1960~입니다.

픽사 애니메이션 〈벅스 라이프 A Bug's Life〉의 주인공 개미 이름은 플릭**Flik**입니다. 영화를 의미하는 플릭**flick**과 철자·발음이 흡사하지요. 넷플릭**NETFLIX**는 인터넷**internet**과 영화**flicks**의 조합어입니다.

가슴을 '훅' 사로잡는 Hook

영어 **hook**은 '훅' 들어와 가슴을 '훅' 사로잡는 구절을 뜻합니다.

> '이야기를 여는 첫 문장은 독자가 책에 끌리도록 이끌어야 한다. 이렇게 유혹해보라. 내용이 알고 싶죠? 책 속에 빠져봐요. 어때요, 궁금해지죠?'

소설가 스티븐 킹Stephen King, 1947~의 명구입니다.

영문은,

> An opening line should invite the reader to begin the story. It should say: Listen. Come in here. You want to know.

> 있잖아요.
> 그거 아세요?
> 이야기 하나 해드릴까요?"

강연을 시작할 때 제가 가끔 청중에게 쓰는 '훅'입니다.

있잖아요 – 이건 청중의 관심이나 주의<u>attention</u>를 끌려는 '훅'입니다
그거 아세요? – 이건 유익한 지식<u>knowledge</u>이나 정보<u>information</u>에 대해 말해주겠다는 의지의 '훅'입니다.
이야기 하나 해드릴까요? – 이건 재미<u>fun</u>있고 유익한 스토리를 듣고 싶어 하는 청중의 기대감을 채워주겠다는 의사표시 '훅'이고요.

프레젠테이션 귀재 스티브 잡스의 '훅' 사례를 하나 소개하고 싶습니다. 이 문장입니다.

There's something in the air.

2008년 스티브 잡스가 신상품을 소개하는 프레젠테이션 자리에서 꺼낸 '훅 일성一聲'입니다. 이건 두 문장을 하나로 합체한 겁니다. 하나는, 'There Is Something About Mary'입니다. 캐머런 디애즈가 주연한 코미디 영화 〈메리에겐 뭔가 특별한 게 있다〉의 영어 제목이지요.
또 하나는, 'Something is in the air'입니다. 일상에서 이 관용 표현은 '곧 뭔가 특별하고 기쁜 소식을 듣게 될 거다'라는 의미로 상대의 기대감을 키워주는 문장입니다. 두 문장을 합체해볼까요.

There Is Something About Mary
Something is **in the air**.

'대단한 신상품을 곧 공개하려 하니 기대하셔도 좋겠습니다.'

이 말 직후 스티브 잡스가 노란색 사무용 봉투에서 꺼내든 신상품이 바로 초소형 초경량 노트북 '맥북 에어**Air**'이고요.

iPAD: 아이디어·열정·꿈

제가 **iPAD**의 의미가 아이디어, 열정, 그리고 꿈이라고 소개하면 고개를 갸우뚱하시겠지요.

> 스티브 잡스
> 애드윈 캐트멀
> 존 레스터

이들 삼총사가 픽사PIXAR의 창립 주역입니다. 명실상부 **CSI**입니다. 즉, 변화를 일으키는 리더**Change-maker**, 스토리텔러**Storyteller**, 혁신가**Innovator**입니다.

그런데 왜 이 대목에서 저는 **iPAD**로 다른 의미를 소개하려 하는 걸까요.

애드윈 캐트멀은 2014년에 책 〈창의성을 지휘하라 Creativity Inc.〉를 냈는데요, 이 대목이 제 눈길을 사로잡더군요.

'우리는 스토리를 먼저 만들려 하지 않는다. 대신 캐릭터 개발**character development**에 더 큰 공을 들인다. 이걸 위해 우리가 주목하는 세 요소는 주인공 캐릭터의 아이디어idea, 열정passion 그리고 꿈dream이다. 이들 세 요소에 집중해 시나리오를 쓰면 궁극적으로 더 매력적이고 훌륭한 스토리가 완성된다.'

기억하기 쉽게 제가 배열해보겠습니다.

    idea
    PAssion
    Dream

앞부분만 연결하면 **iPAD**이지요.

불멸은 좋은 일로 발자취 남기는 유산

'불멸이란 '좋은 일'을 하며 살고 '발자취를 남기는 것'이다.'

배우 브랜든 리Brandon Lee, 1965~1993의 명구입니다. 브랜든 리는 무술인 출신 배우 브루스 리Bruce Lee, 이소룡, 1940~1973의 아들입니다. '불멸'과 '발자취'는 다 유산遺産의 본질이지요.

영문은,

Immortality is to live your life doing good things, and leaving your mark behind.

'록키' 시리즈물 〈크리드 2 Creed II〉에서 '좋은 일'은 '리더를 양성하는 일'입니다.

주인공은 도니 크리드. 은퇴한 복서 록키의 수제자로 헤비급 세계 챔피언입니다. 그가 러시아 선수 빅터의 도전장을 받아듭니다. 악역 주인공 빅터는 미국인 헤비급 챔피언 아폴로의 목숨을 앗은 복서 이반 드라고의 아들입니다. 아폴로의 아들 도니는 복수심에 불타 링에 오르나 무참히 밀리다가 종료 직전 가까스로 챔피언 지위를 지키게 됩니다. 승인勝因은 이반의 반칙.

만신창이 육신을 추스르며 재격돌을 벼르는 도니에게 록키가 충고합니다.

"아버지의 복수를 위한다거나 남에게 인정받기 위해 싸우겠다면 멈춰라. 너 자신을 위해 싸우겠다면 새로 시작하라."

록키가 말을 잇습니다. '유산'에 대한 그의 정의定義입니다.

"헤비급 세계 챔피언은 총 77명이야. 그들 중 몇이나 사람들이 알아주고 기억할까? 세인이 기억하는 건 승자의 벨트가 아니다. 유구하게 이어질 위대하고 감동적인 스토리story다."

경영서 〈리틀 빅 씽 The Little Big Things〉을 쓴 톰 피터스Tom Peters, 1942~는 리더를 이렇게 정의했습니다.

'리더는 추종자·모방자를 만들지 않는다. 리더는 더 많은 리더

를 만든다.'

영문은,

Leaders don't create followers. They create more leaders.

추종자로 남길 원치 않는 도니는 거듭나기 위한 특훈을 마치고 모스크바 링에 오릅니다.

리더는 '변화를 일으키는 자change-makers'입니다. 전설적 리더 록키가 일으킨 변화의 결과 신진 리더가 탄생하는 명승부 내용은 가려둡니다. 끝부분에서 아들과도 같은 제자에게 록키가 이렇게 말합니다. 감동적인 새 유산의 탄생을 예고하는 장면입니다.

"이제 너의 시대야."

영문은,

It's your time.

언박싱
삽화 이야기

픽사의 2004년 장편 애니메이션 〈인크레더블 The Incredibles〉에는 '에드나 모드' 캐릭터가 등장합니다. 초능력자 영웅 가족의 특수 의상을 전문으로 만드는 여성 캐릭터입니다. 극 중에서 그녀가 이 명대사를 칩니다. 'Luck favors the prepared 행운은 준비된 사람에게 기회를 준다.'

에드나 모드의 목소리를 연기한 사람은 브래드 버드 Brad Bird, 1957~입니다. 시나리오 작가 겸 감독인 그가 〈인크레더블〉 시리즈를 쓰고 감독했습니다. 그는 1999년 워너브러더스에서 〈아이언 자이언트 Iron Giant〉를 만들었으나 흥행에서 실패하자 그때의 경험을 밑거름으로 삼아 심기일전해 '무명인이 유명인으로 거듭나는 from zero to hero' '슈퍼히어로 이야기'에 천착하였고, 그 결과물인 시나리오를 픽사에 소개했습니다.

"나는 모든 예술을 사랑하지만 가장 좋아하는 건 영화다. 영화는 수많은 예술을 융합하기 때문이다 I love all the arts, but I love movies most because they combine so many of them." – 브래드 버드

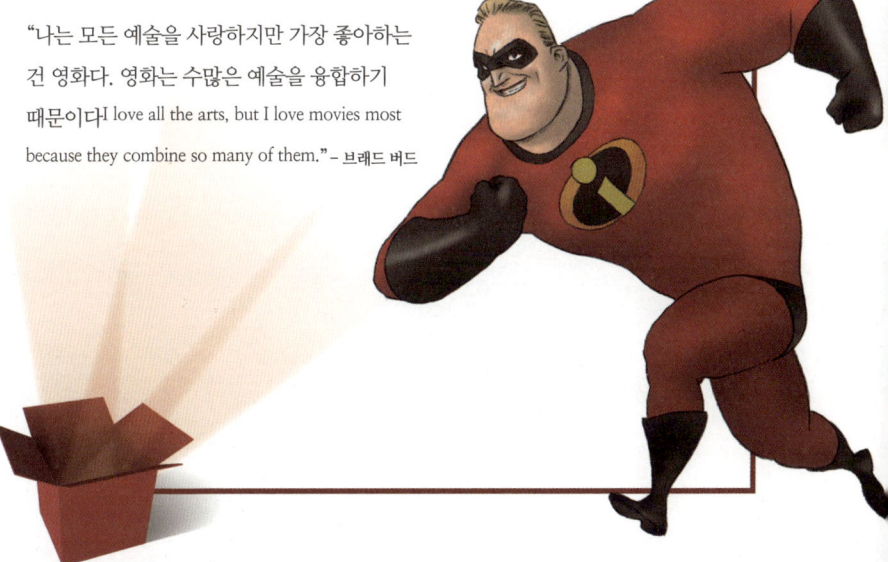

INNOVATOR 혁신가

혁신 선도하는 창조적 퍼스트 무버

혁신은 리더와 추격자를 구분하는 기준

'변화를 위협이 아닌 기회로 보는 능력이 혁신이다.'

영문은,

Innovation is the ability to see change as an opportunity-not a threat.

혁신가 스티브 잡스의 명구입니다. 혁신 역량이 탁월한 리더는 영어 **risk**에서 위기라는 뜻만 보진 않습니다. 도전risk의 의미까지 들여다봅니다.

퍼스트 무버**first mover**는 '혁신을 선도先導하는 리더'입니다. 한편 그들을 빠르게 뒤쫓아만 가는 이들은 '패스트 팔로어**fast follower**'입니다. 스티브 잡스는 두 개념의 차이를 이렇게 요약하였지요.

'리더와 추격자를 구분하는 기준은 혁신이다.'

영문은,

Innovation distinguishes between a leader and a follower.

혁신의 결과·결실은 창조적 변화creative change입니다. 이런 변화를 일으키는 리더는 '새로운 가치'를 창출하기 때문에 발자취가 남달리 빛납니다.

뮤지컬 영화 〈위대한 쇼맨 The Greatest Showman〉은 냉정한 쇼비즈니스 시장 환경에서 '고객 만족'과 '직원 행복'의 가치를 모두 드높인 P. T. 바넘Phineas Taylor Barnum, 1810~1891의 일대기입니다.

실존 미국인 바넘은 19세기 중반 서커스 '지상 최대의 쇼 The Greatest Show'를 지휘한 혁신적 단장입니다. 그가 서커스 단원들에게 이렇게 외칩니다.

"남들과 똑같이 하면 대단한 걸 해낼 수 없어."

영문은,

No one ever made a difference by being like everyone else.

바넘의 비즈니스 철학이 담긴 명대사인데요, 그는 늘 획기적인 공연을 기획합니다. 캐스팅도 파격입니다. 피부색이 다르고 생김새가 기이한 이들로 팀을

꾸렸을 땐 대중의 손가락질이 화살 빗발처럼 그에게 쏟아집니다.

관객을 열광시킬 재능이 있지만 세상 밖으로 나오길 꺼렸던 그의 단원은 쇼를 무사히 마칠 수 있을지 걱정합니다. 그들에게 용기를 북돋울 때 바넘의 이글거리는 눈빛에선 이런 독려가 읽힙니다.

　'자신감은 들이마시고 의구심은 내뱉어.'

영문은,
　　Inhale confidence. Exhale doubt.

의구심 **doubt**을 창의력의 최대 적인 두려움 **fear**으로 바꿔도 무방하겠습니다. 이미 끈끈한 가족애로 뭉친 그들은 이후 더 자신 있게 밀고 나갑니다. 숱한 새 시련도 잘 이겨냅니다.
바넘의 혁신 리더십은 곳곳에서 빛을 발해 흥행이 성공합니다. 관객도 단원도 만족하고 행복해합니다. 은막銀幕은 끝부분에 그의 명구를 띄웁니다.

　'가장 고귀한 예술은 남들을 행복하게 하는 것이다.'

　The noblest art is that of making others happy.

'가장 고귀한 예술'이 '가장 훌륭한 혁신 **greatest innovation**'으로도 읽히는 대목입니다. ✪

본편 상영관 **6**관

'창조적 역량증진'을 위한 불멸의 키워드

CICI

CURIOSITY
IMAGINATION
CREATIVITY
INNOVATION

창의성 키워주는
필수 7요소와 'CICI'

저는 창의성 증진의 핵심 요소로 일곱 개 키워드를 꼽습니다. 호기심, 상상력, 창의력, 혁신력 그리고 지식, 부단함, 낙관주의입니다.

Curiosity

Imagination

Creativity

Innovation

Knowledge

Persistence

Optimism

호기심 – 소설가 프란츠 카프카Franz Kafka, 1883~1924가 책과 도끼를 키워드로 해 이렇게 빼어나게 은유했습니다.

'책은 우리 내면의 얼어붙은 바다를 깨는 도끼가 되어야 한다.'

영문은,

　　A book must be the axe for the frozen sea within us.

카프카의 은유를 변주해봅니다. '호기심은 우리의 통념이나 낡은 습관이라는 이름의 언 바다를 깨는 도끼'입니다. 호기심 키우기는 배움을 통해 발전·성장하려 애쓰는 인간의 창의적 태도로 '열정의 불'이 꺼지지 않도록 자극하는 강력한 힘입니다.

상상력 – 상상력은 아이디어를 만듭니다. 상상력이 뛰어난 사람은 대상과 문제를 마주할 때 어린아이의 눈과 시선으로 들여다봅니다. 스티브 잡스가 만든 픽사의 모토를 함께 톺아볼까요.

　　'어린아이 눈으로 세상을 들여다보라.'

영문은,

　　Look at the world through the eyes of a child.

호기심Curiosity과 상상력Imagination에 창의력Creativity과 혁신력Innovation을 추가하여 각 단어의 첫 글자를 조합하면 **CICI**입니다. 이어지는 꼭지에서부터 심층적으로 상영하겠습니다.

지식 – 체력을 키우려면 근력을 키워야 하듯이 논리적 사고·창의적 사고·비판적 사고력을 키우려면 독서력을 증진해 '지식 근력'을 키우는 게 필수이지요. 창조적 상상력 증진에도 지름길이고요.

낙관주의 – '레모네이드 은유' 명구를 통해 우리가 잘 알고 있듯이 낙관주의자는 '할 수 있고 이룰 수 있다'라는 창조적 정신 근력의 소유자입니다.

부단함 – 부단함은 창의적인 사람이 끈기를 잃지 않고 계속 도전하도록 돕고 목표에 집중하도록 돕고 잠재력을 최대치로 발휘할 수 있게 돕는 창조적 삶의 태도입니다.

CIA: 호기심·상상력·실행력 삼위일체

영화 제작자 : 토니 멘데즈
창립 작품명 : '아르고 Argo'
작품의 장르 : SF

이 정보는 할리우드에 영화사를 갓 세운 신출내기 제작자 토니 멘데즈가 성대한 제작발표회를 위해 언론사에 뿌린 보도자료의 핵심입니다. 놀랍게도 이 정보는 다 위장입니다. 토니의 정체는 CIA중앙정보국 요원입니다.

때는 1979년 11월 4일. 이란 주재 미합중국 대사관 직원 60명이 이란 혁명군에게 억류됩니다. 이에 인질 구출 전문 토니가 CIA와 국무부의 합동 비상대책회의에 들어갑니다. 그의 임무는 이것.

'대사관에서 도망쳐 모처에 숨은 직원 6명을 극비리에 구출해오라.'

이때 '모처'는 이란 주재 캐나다 대사관저. **CIA**의 철자를 분리해 새 키워드를 만들어봅니다.

    Curiosity 호기심
    Imagination 상상력
    Action 실행

호기심 **C**uriosity

비상대책회의 이후 숙소에 돌아온 토니가 아들과 장거리 통화를 합니다. 작전이 개시되면 못 돌아올 수도 있어서 비장할 텐데도 그의 목소리는 평소처럼 다정합니다.

    "아들, 뭐 하니?"
    "TV 봐."
    "어떤 거?"
    "영화 '혹성 탈출: 최후의 생존자'야."
    "아빠가 채널 맞출게. 함께 보며 얘기하자꾸나."

인간과 유인원이 사막에서 쫓기는 장면에서 호기심이 작동하는 토니. 그가 무룻을 칩니다. '아르고 작전 Operation Argo'이 탄생하는 순간입니다.

상상력 |magination

토니가 2차 비상대책회의에서 아이디어를 공개합니다.

"영화 〈아르고〉는 〈스타워즈 Star Wars〉 시리즈처럼 사막 촬영이 필수입니다. 제가 캐나다 국적의 영화 제작자로 위장해 이란에 들어가 6인과 접촉하겠습니다. 그들을 촬영 장소 물색하러 저보다 먼저 이란에 온 영화사 직원이라고 속여 공항에서 빼돌리겠습니다."

이런 명구가 있습니다.

> '상상력은 현실을 창조한다.'

영문은,

> Imagination creates reality.

진리입니다. 꿈이 현실이 되게 하는 게 상상력이니까요. 과연 토니의 아이디어는 성공할까요.

실행력 **A**ction

경영학자 피터 드러커가 이렇게 썼습니다. '미래를 예측하는 가장 훌륭한 방법은 그 미래를 직접 창조해버리는 것이다.'

영문은,
　　The best way to predict the future is to create it.

이 글 핵심은 비전vision과 실행입니다. '직접 창조한다'의 핵심이 혁신력innovation입니다. 혁신력은 '목표를 실행해서 성과를 내는 역량'이니까요.

토니 작전대로 위조한 캐나다 여권을 든 6인과 그가 공항에 들어갑니다. 이들이 취리히행 스위스 여객기에 올라 이란 영공을 벗어나야 작전이 성공합니다. 아뿔싸, 미국 대사관에서 도망친 자가 있다는 걸 혁명군이 알아챕니다. 그들이 대사관에서 가져간 파쇄 문서를 아이들에게 나눠주고 하나하나 이어 붙이라고 지시했는데, 국수 가락같이 가늘게 조각난 문서를 착착 붙여 아이들이 인질 60명 중 누구하고도 일치하지 않는 대사관 직원의 얼굴 사진을 복원해 낸 겁니다.

대통령 지미 카터는 국방부가 새 구출 작전을 짰으니 기존 작전을 중지하라고 명령합니다. 이란 혁명군은 육해공 탈출로를 모두 틀어막으라는 명령을 때립니다. 대단원 하이라이트는 가려둡니다. 아카데미 작품상에 빛나는 실화입니다.

창의적이고 혁신적인 리더는 **CICI** 역량이 뛰어납니다. 특히 혁신력의 뿌리인 실행력이 뛰어난 리더는 도전**challenge** 정신과 용기**courage**도 뛰어납니다.

'창조적 역량증진을 위한 핵심 키워드' **CICI**를 분리해 만든 네 개 키워드는 호기심과 상상력, 창의력과 혁신력입니다. 즉, **C**uriosity, **I**magination, **C**reativity, **I**nnovation입니다. ★

언박싱
삽화 이야기

'진짜 문맹文盲은 창의력 결핍이다Our real illiteracy is our inability to create.' 이 촌철살인 명구에 힘을 실어주는 글이 카프카의 문장 즉, '책은 우리 내면의 언 바다를 깨는 도끼가 돼야만 한다A book must be the axe for the frozen sea within us'일 것입니다. 창의력과 감성을 북돋우는 책을 도끼로 은유한 건데요, 영화 〈쇼생크 탈출The Shawshank Redemption〉에서 이 도끼는 성서聖書입니다.

대문호 알렉상드르 뒤마의 소설 〈몽테크리스토 백작〉에서 인물과 사건을 빌리고 무대를 미국 교도소로 옮겨놓은 게 〈쇼생크 탈출〉입니다. 은행 부점장 출신 주인공 앤디는 아내 살해 누명을 쓰고 악명 높은 교도소에 갇힙니다. 그는 타락한 교도소장의 부정한 돈을 세탁해주며 비밀리에 탈옥 작전을 짜는데, 무기수인 그의 탈옥 도구는 지질학자용 15㎝ 돌망치. 19년 후 자유의 몸이 된 앤디는 돈세탁 기록을 언론사에 제보하고 소장의 차명 계좌 거금을 챙겨 사라집니다.

앤디가 두고 간 성서를 펼친 교도소장은 출애굽기Exodus 편에서 깊게 파인 홈을 발견합니다. 앤디가 굴을 파느라 쓴 돌망치 은닉용 홈입니다. 소장은 언젠가 앤디에게 했던 말을 떠올리곤 경악합니다. '구원救援은 성서 안에 있다Salvation lies within.'

Thomas Friedman

Make 'why' your favorite word.

'왜'를 당신이 가장 좋아하는 단어로 삼아라.

CURIOSITY 호기심

창조적 삶을 위한 최강의 '포스'

변화를 가장 싫어하는 가장

여기 한 가장家長이 있습니다. 원시인 그루그Grug입니다. 그의 집은 거대한 암벽의 맨 아랫동아리에 있습니다. 널찍한 동굴 주택입니다. 가장이 가장 싫어하는 게 있습니다. 호기심, 변화 그리고 바깥세상입니다. 그가 입버릇처럼 반복하는 경고가 있습니다.

'절대 동굴 밖에 나가지 마.'

이 대목에서 아인슈타인의 명구 하나를 소개합니다.

'나는 머리도 재능도 특출난 게 아니다. 나는 단지 매우, 매우 호기심이 많은 거다.'

영문은,

I am neither especially clever nor especially gifted. I am only very, very curious.

이런 문장이 있습니다.

'왜Why를 당신이 가장 좋아하는 단어로 삼아라.'

영문은,

Make 'why' your favorite word.

항상 호기심을 키우고 질문을 많이 하라는 뜻이지요. 창의력을 키우는 첩경이니까요.

드림웍스 애니메이션 〈크루즈 패밀리 The Croods〉의 주인공은 그루그의 장녀 이프Eep입니다. 무척 흥미롭지요. 'Eep'의 발음이 'If'와 닮았으니까요. 이름에서 '만약에'라는 뜻이 우러나는 이 10대 소녀가 제일 좋아하는 건 호기심입니다. 또 하나는 변화change입니다. 이것은 창의성이 존재해야 하는 가장 위대한 이유이지요. 이렇다 보니 부녀가 자주 부딪힙니다.

그루그가 특히 아끼는 가족은 외동아들입니다. 이프의 동생 텅크Tunk인데요, 저돌적인 느낌의 탱크Tank를 떠올리게 하는 이름이지요. 엄청 착하지만 얼프기인 텅크는 아빠 명령이라면 죽는시늉까지 해가며 장단을 맞춥니다.

"난 새롭거나 다른 건 죽어도 안 할 거야."

영문은,
　I will never do anything new or different.

그루그는 구세대 리더 상입니다. 그래서 생각이 고리타분합니다. 개똥철학만 늘어놓고요. 이렇게 말하곤 하니까요.

"새로운 건 항상 나빠."
"변화는 나빠."

참다못한 이프는 아빠 명령을 한 번쯤 어겨보기로 결심합니다. 구닥다리 권위에 도전하는 의지는 창의력입니다. 어두운 밤, 가족이 다 잠든 사이에 이프가 동굴 밖으로 나갑니다. 그러곤 태어나 처음 횃불을 목격합니다. 소년 가이Guy가 들고 다니는….

가이는 신세대 리더 상입니다. 우직하게 힘brawn만 앞세우는 그루그와 달리 가이는 번득이는 머리brain를 가졌습니다. 심지어 그는 횃불도 만들 줄 압니다. 가이가 만든 '인류 최초의 횃불'은 곧 프로메테우스의 불$^{Promethean\ Fire}$을 떠올리게 합니다. 프로메테우스가 창조자를 상징하는 제우스 몰래 훔쳐 인간에게 준 그 불은 창의력^{creativity}을 은유합니다. '남보다 먼저 생각하는 자'인 프로메테우스처럼 가이는 미래^{tomorrow}를 내다볼 줄 아는 리더입니다.

호기심 많은 이프가 창의력이 뛰어난 가이에게 끌리겠지요. 가이는 그루그 가족에게 거대한 '쌍둥이 봉'이 있는 heaven^{천국}에, 아니 haven^{피난처}에 데려가 주겠다며 앞장섭니다. 그 제안을 그루그가 덥석 받아들일 턱이 없습니다. 그는 바깥세상을 두려워하니까요.
반면 가이는 변화가 두렵지 않습니다. 새로운 세상을 마중하려는 큰 꿈도 있습니다. 이프는 그런 가이가 마음에 '쏙' 듭니다. 그루그는 그런 가이를 '싹' 없애버리고 싶을 만큼 싫습니다. 결국 둘 사이에 사사건건 불협화음이 일어납니다. 그럴 때마다 이프가 들어주는 건 가이의 손입니다.
과연 크루즈 가족은 '쌍둥이 봉'에 갈 수 있을까요. 가이의 결정이라면 족족 반대만 하는 그루그. 그의 지각없는 언행과 아집은 대지가 쩍쩍 갈라지는 거대한 지각변동 앞에 와르르 무너집니다. 그들이 살아남으려면 대지진이 갈라놓은 두 대륙 사이 까마득한 계곡을 건너는 길뿐입니다.

장모, 아내, 딸, 아들, 늦둥이 막내딸 그리고 가이 앞에 그루그가 우뚝 섭니다. 이렇게 선언하는군요. "내가 힘을 써보겠어." 이어서 투포환 선수처럼 그가 가족을 계곡 건너편에 던집니다. 혼자만 남았을 때 거대한 산사태가 그루그를 가둬버립니다. 그가 그토록 좋아하는 동굴 속에 말이지요.
가족을 그리워하는 그루그. 가족을 못 만날까 봐 두려워하는 가장. 그 마음을 담아 그가 동굴 벽에 가족 그림을 그립니다. 그때 그의 눈이 번쩍 뜨입니다. 힘만 써왔던 그가 처음으로 돌덩이 같던 머리를 말랑말랑하게 굴리기 시작합니다. 가이에게 배운 방법으로 불도 만듭니다. 이어서 질문하기 시작합니다.

"내 딸이라면 어떻게 할까? 가이라면 어떻게 할까?"

영문은,
What would my daughter do? What would Guy do?"

그에게도 호기심 엔진이 작동한 겁니다. 결국 탈출에 성공하는 그루그가 외칩니다. "좋은 수가 떠올랐어."
아이디어가 떠올랐다는 건 그의 상상력 엔진이 작동을 시작했다는 뜻이지요. 아이디어 만드는 창의적 무기가 상상력imagination이니까요. '좋은 수'란 노아의 방주Noah's Ark입니다. 과연 그가 혼자서 만들 수 있을까요.

사과는 '왜' 떨어지나

'인간이 인공지능AI, Artificial Intelligence을 똑똑한 보조자IA, Intelligent Assistants로 잘 활용하는 역량이 중요해졌다.'

퓰리처상을 세 차례 수상한 경영전략가로 〈세계는 평평하다The World is Flat〉, 〈렉서스와 올리브나무The Lexus And The Olive Tree〉 등을 지은 토머스 프리드먼

Thomas Friedman, 1953~의 통찰입니다. 미래의 더 나은 복지를 위해 인간이 AI와 팀워크를 잘 이루어야 한다는 게 핵심이지요.

한편, 픽사 애니메이션 〈월-E WALL-E〉는 지구 멸망 이후 인공지능에 과도하게 의존하는 인류의 삶을 그립니다.

주인공 월-E는 지구의 쓰레기 청소 로봇입니다. 인류가 지구를 떠난 지 700년 된 미래의 어느 날 잿빛 하늘을 뚫고 하얀색 로봇 '이프', 아니, '이브'가 등장합니다.
그녀 임무는 지구 식물 탐사. 호감을 느낀 월-E는 그가 700년 만에 처음 발견한 식물 하나를 선물합니다. 이브는 '창세기'에서 감람나무 새 잎사귀를 물고 노아에게 돌아가는 비둘기처럼 우주로 떠납니다.
월-E가 몰래 따라가 잠입한 비행선은 거대한 방주方舟를 닮았고, 그 내부는 낙원 뺨치는 신세계입니다. 문제는 인간이 전적으로 인공지능 시스템에 의존해 살다 보니 누구도 깊은 사유나 비판적 사고를 하지 않는다는 것.
이브가 가져온 식물을 받아든 선장은 지구에 희망이 있다고 판단해 인공지능 조종사 오토에게 지구 귀환을 명령합니다. 반란이 일어납니다. 오토가 명령을 거역한 겁니다. 이제 월-E와 이브는 지구 식물을 죽이려 하는 오토를 막아야 합니다.
귀환 비행이 성공합니다. 하지만 불행하게도 오토에게 파괴된 월-E는 기억이 싹 다 지워진 상태. 이브가 처음 월-E의 손을 꼭 잡아줍니다. 월-E가 인간이 만든 옛 영화를 보면서 기억해둔 방식대로 이브가 그와 교감하려 하는 행동입니다. 오토와 달리 둘에겐 공감 능력이 있어서일까요, 월-E가 반응하더니 이

브를 알아봅니다.

제작진 명단이 올라갈 때 펼쳐지는 장면은 지구 귀환 이후 까마득히 시간이 흐른 어느 날의 초원입니다. 월-E와 이브가 아름드리 사과나무 아래에서 무성한 잎을 올려다봅니다. 이 장면에서 제가 떠올린 명구가 있습니다.

'수많은 사람이 떨어지는 사과를 보았어도 뉴턴만이 왜 떨어지는지 알고 싶어 했다.'

영문은,

Millions saw the apple fall, but only Newton asked why.

인간이 AI를 똑똑한 보조자 IA로 잘 활용하려면 특히 창의적으로 질문하는 능력과 그걸 위해 언어력을 증진하는 노력이 매우 중요해졌습니다.

끝부분에서 영화는 아래로 쭉 이동하는 카메라 앵글을 통해 아름드리나무의 뿌리 끝을 보여줍니다. 귀환해서 지구를 되살리려고 인간이 첫 삽 떴을 때 심은, 월-E가 이브에게 선물했던 그 식물의 모습이 드러납니다.

제 대답은 호기심입니다

다시 책 〈좋은 기업을 넘어 위대한 기업으로 Good to Great〉를 소환해봅니다. 이야기의 지평을 넓혀보고 싶은 건데요, 저자 짐 콜린스가 이 질문을 받았습니다.

'어떤 동기로 이 거대한 연구 프로젝트에 착수하게 됐죠?'

영문은,

What motivates you to undertake these huge research projects?

그의 대답은?

"제 대답은 호기심입니다."

영문은,

The answer, curiosity.

한 아이가 카를 라거펠트Karl Lagerfeld, 1993~1919에게 질문했습니다. 카를 라거펠트는 샤넬에서 혁신을 이끌어 세계적 명성을 떨친 독일 태생 패션디자이너입니다. 한글을 디자인 요소로 채운 여성용 재킷을 만들어서도 널리 알려진 인물이고요.

'아저씨는 삶의 동력이 무엇이에요?'

영문은,

What drives you?

카를 라거펠트가 뭐라고 답했을까요.

"호기심과 내 일에 대한 애정이란다."

창기병槍騎兵과 랜서와 프리랜서

'적을 무찌르러 **과자**!'

영화 홍보문구입니다. 2010년에 개봉한 애니메이션 〈슈렉〉 시리즈 4편 〈슈렉 포에버 Shrek Forever After〉의 국내 포스터 홍보문구입니다. 제가 지은 건데요, 미국 홍보문구는 이겁니다.

BAKE NO PRISONERS

'한 명의 포로도 살려두지 말라'는 의미의 영어 'Take no prisoners'를 패러디한 문구입니다. 'BAKE NO PRISONERS'의 뜻은 '포로 과자는 한 개도 굽지 말라'.

포스터 속 과자 진저브래드맨은 긴 창**lance**을 휘두르며 싸우는 창기병槍騎兵, **lancer** 모습입니다. 따로 소속된 조직 없이 단독으로 왕이나 영주 따위를 위해 싸운 'lancer'에서 유래된 게 **freelancer**이고요. 창기병은 보병에게 무시무시한 위협이었겠지요.

이 대목에서 '아하!' 할 겁니다. 미합중국 공군 핵심 전략 무기인 폭격기 이름이 **B-1B Lancer**이니까요.

Swan of Death

'죽음의 백조'를 뜻하는 표현입니다. **B-1B Lancer**의 별칭인데요, 왜 폭격기 별명이 '죽음의 백조'일까요. 아메리카 원주민 신화에 따르면 백조는 망자의 영혼을 사후세계에 데려다주는 죽음의 메신저입니다.

'포스가 함께 하길!'

'알고 싶고 배우고 싶은 강한 욕구A strong desire to know and learn'가 호기심curiosity 이지요. 호기심 명구 가운데 영화감독 제임스 캐머런James Cameron, 1954~ 의 문장이 무척 도드라집니다.

Human curiosity is the most powerful force.

의미는,
'인간의 호기심은 가장 강력한 힘이다.'

'포스가 함께 하길!'

〈스타워즈〉 시리즈의 명대사이지요.

영문은,

　　May the force be with you.

서양에선 매년 5월 4일 팬들이 이 명대사를 패러디한 문구를 앞세워 축제를 엽니다.

　　May the 4th be with you!

의미는,

　　'5월 4일이 함께 하길!'

May는 5월, the Fourth는 4일. 이날 세계 곳곳에서 〈스타워즈〉 팬들이 각양각색 스타워즈 의상을 입고 모여 파티를 엽니다.

마음을 들여다보는 진정한 창문은 눈일까요. 아니면 질문일까요.
철학자 볼테르Voltaire, 1694~1778는 이걸 답으로 내놓았습니다.

　　'사람을 판단하는 가장 좋은 방법은 그 사람의 대답이 아닌 질문을 보는 것이다.'

영문은,

> The best judge of a person is not the answer they give but the questions they ask.

상대가 호기심이 뛰어난지 들여다보라는 의미입니다. 호기심은 곧 질문하기로부터 시작해 머리로 그림을 그리는 상상력 단계를 거쳐 새로운 걸 고안하는 창의력 단계로 발전하니까요.

Newton's Apple Tree

케임브리지 대학교에서 가장 큰 규모가 트리니티 칼리지입니다. 노벨상 수상자를 다수 배출한 학교이고요. 대학교 정문 근처에는 뉴턴의 고향에서 옮겨 심은 특별한 나무가 있는데요, 바로 '뉴턴의 사과나무 Newton's Apple Tree'입니다.

애플Apple의 1976년 최초 엠블럼emblem은 아이작 뉴턴이 사과나무 아래에서 책을 읽는 형상의 디자인입니다. 사과가 나무에서 금방이라도 떨어지려 하고 있고요.

다시 소개하려는 아래 명구는 픽사 애니메이션 〈월-E〉 이야기에서도 제가 소개했지요.

> Millions saw the apple fall, but only Newton asked why.

의미는,

'사과가 떨어지는 걸 본 사람은 셀 수 없이 많아도 왜 떨어지는지 궁금해 한 사람은 뉴턴뿐이었다.'

빛의 건축가와 소재의 건축가

세계적 일본 건축가로 건축계의 노벨상이라 일컬어지는 '프리츠커상'을 탄 안도 타다오Ando Tadao, 1941~는 '빛의 건축가'입니다. 한편 그와 친했던 일본의 세계적 패션디자이너 이세이 미야케Issey Miyake, 1938~2022는 '소재의 건축가'로 불렸고요.

'패션을 예술로 전환했다.'

이런 평을 받는 이세이 미야케는 '디자인은 산업과 혁신을 연결한다'라는 명구를 남겼는데요, 그가 디자인한 검정 터틀넥 티셔츠는 스티브 잡스가 즐겨 입어 더 유명해졌지요.

이세이 미야케를 무척 좋아한 스티브 잡스는 애플사 광고에 그를 모델로 등장시키기도 했습니다. 광고 포스터 상단 우측에 인쇄된 슬로건도 **Think different**다르게 생각하라입니다.
'따라 하지 않기'와 '다르게 생각하기thinking different'에 직결되는 개념이 재미 **fun**입니다. 독창성originality, uniqueness과 창의성creativity의 본질이니까요.

'천진난만한 호기심', '낯익은 것을 낯설게 보는 눈'의 힘에 대하여 프랑스 대문호 마르셀 프루스트Marcel Proust, 1871~1922는 〈잃어버린 시간을 찾아서〉에 우리가 만나본 이 글을 썼지요.

> '발견을 위한 진정한 탐험은 새 풍경을 찾아다니는 게 아니라 새로운 눈을 가지는 것이다.'

영어로 번역한 문장은,

> The real voyage of discovery consists not in seeking new landscapes, but in having new eyes.

'새로운 눈'은 곧 '다르게 보는 눈'이기도 합니다. 미국 사상가, 시인 랠프 월도 에머슨Ralph Waldo Emerson, 1803~1882의 글을 소개합니다. 이 글에서 '그'는 에머슨의 친구인 작가 헨리 데이비드 소로Henry David Thoreau, 1817~1862입니다.

> '그는 소년이고, 언제까지나 나이 든 소년일 것이다.'

영문은,

> He is a boy and will be an old boy.

수상록 〈월든 Walden〉을 지은 헨리 데이비드 소로는 늘 '순진무구한 눈'을 잃지 않으려 연마하였고, 그리하여 어린아이가 느끼는 경이child's sense of wonder를 한 번도 잃지 않았다고 전해집니다. '어린아이의 눈'과 관련해 소개하고 싶은 명구가 있습니다.

'어린아이 눈엔 7대 불가사의가 없다. 7백만 개가 있다.'

영문은,

There are no seven wonders of the world in the eyes of a child. There are seven million.

성인이 돼서도 천진난만한 어린아이의 호기심을 잃어선 안 된다는 걸 강조하려고 아인슈타인도 나섰습니다.

'아무리 많이 나이 들어도 늙지 말라.'

영문은,

Do not grow old no matter how long you live. ✪

언박싱
삽화 이야기

"벌새는 보통 새가 아니지. 벌새 심장은 분당 1,200번 뛰고 초당 80번씩 날개를 퍼덕이는데, 날개를 못 움직이면 10초도 안 돼 죽어버려. 평범한 새가 아이거든. 벌새는 기적을 불러오는 영물이야. 날개 움직임을 느린 화면으로 보면 숫자 8이 돼. 그게 뭘 상징하는지 알아? 무한infinity이야." 영화 〈벤저민 버튼의 시간은 거꾸로 간다 The Curious Case of Benjamin Button 〉에서 선장이 주인공 벤저민에게 들려주는 벌새 이야기입니다.

피츠제럴드의 단편소설을 대폭 각색한 이 영화에서 충격적인 건 벤저민이 80대 노인 몸으로 태어나 나이 들수록 젊어진다는 사실이지요. 여주인공 데이지는 소녀 때부터 벤저민에게 호감이 생기는데요, 벤저민과 데이지는 이별과 재회를 반복하며 서로의 곁을 맴돕니다.

대단원에서 벤저민이 말합니다. "영원한 것은 없어Nothing lasts." 데이지가 이 말을 받아 간절하게 속삭입니다. "영원한 것도 있어Some things last." 그녀 말은 사랑을 은유합니다. 그들이 새 생명을 잉태합니다.

William Blake

Hold infinity in the palm of your hand.

손안에 무한을 쥐어라.

IMAGINATION 상상력

손안에 무한無限을 쥐는 역량

일본 도시샤同志社 대학은 교토에 있는 유서 깊은 명문 사립대학교입니다. 일제 강점기에 이곳에서 유학한 시인이 윤동주와 정지용인데요, 두 시인의 시비詩碑가 교정에 있습니다.

> 죽는 날까지 하늘을 우러러
> 한 점 부끄럼이 없기를,
> 잎새에 이는 바람에도
> 나는 괴로워했다.
> 별을 노래하는 마음으로
> 모든 죽어가는 것을 사랑해야지.
> 그리고 나한테 주어진 길을
> 걸어가야겠다.

윤동주 시비에 새겨진 이 작품은 그의 유고 시집 〈하늘과 바람과 별과 시〉에 수록된 「서시」입니다.
한편 「향수」, 「카페 프린스」 등의 대표작을 남긴 시인 정지용의 시비엔 「압천 鴨川」이 새겨져 있습니다.

鴨川압천 十里실리ㅅ벌에
해는 저물어…..저물어…..

날이 날마다 님 보내기
목이 자졌다…..여울 물소리

찬 모래알 쥐여 짜는 찬 사람의 마음,
쥐어짜라, 바시어라. 시언치도 않어라.

역구풀 욱어진 보금자리
뜸북이 홀어멈 울음 울고,

제비 한 쌍 떠ㅅ다,
비마지
 춤을 추어,

수박 냄새 품어오는 저녁 물바람.
오량쥬 껍질 씹는 젊은 나그네의 시름.

鴨川압천 十里십리ㅅ벌에
해는 저물어……저물어……

「윌리엄 블레이크 시의 상상력에 관하여 The Imagination in the Poetry of William Blake」

시인 정지용이 1929년 도시샤 대학을 졸업할 때 쓴 논문 제목입니다. 영국 시인 윌리엄 블레이크William Blake, 1757~1827는 단테의 〈신곡Divine Comedy〉, 밀턴의 〈실낙원Paradise Lost〉 속 삽화를 직접 그린 화가이기도 합니다. 대표작 시로는 「순수의 전조 Auguries of Innocence」가 있습니다.

창의성의 뿌리는 독창성originality, uniqueness입니다. 그러므로 창조적 상상력 **creative imagination**은 독창적original, unique 아이디어를 만드는 역량입니다.

인문학 독서를 열렬히 한 스티브 잡스가 윌리엄 블레이크의 「순수의 전조」를 읽고 또 읽으며 그만의 창조적 상상력을 발휘했습니다. 이 시는 총 132행의 작품인데요, 첫 네 행을 소개합니다.

> 한 알의 모래에서 세계를 보고
> 한 송이 들꽃에서 천국을 보려면
> 손안에 무한을 쥐고
> 찰나 속에서 영원을 보라.

스티브 잡스를 유독 사로잡은 행은 '손안에 무한을 쥐어라Hold infinity in the palm

of your hand'일 것만 같습니다. 이 행에서 영감을 얻어 스티브 잡스가 '모래나 들꽃이 은유하는 아주 작은 것을 손에 쥐고 그것을 통해 우주를 볼 수 있는 방법'에 대해 천착했을 것입니다. 그렇게 '꼬리에 꼬리를 무는' 그의 발상의 전환과 입체적 사고와 창조적 상상력은 2007년 6월 야심작 아이폰을 만들었습니다.

'날자, 무한 너머로!'

스티브 잡스는 어떤 영화를 제일 좋아했을까, 상상해봤습니다. 1995년에 나온 픽사PIXAR의 〈토이 스토리 Toy Story〉이지 싶습니다.
시리즈물 〈토이 스토리〉는 인간이 안 볼 때면 살아 움직이는 완구들의 우정과 모험담입니다. 이 걸작에서 카우보이 우디와 우주비행사 버즈 라이트이어는 다 호기심과 상상력이 뛰어납니다.

버즈 라이트이어는 날고 싶을 때마다 이 명대사를 외칩니다.

'날자, 무한無限 너머로!'

영문은,

To infinity and beyond!

끝도 없고 한계도 없는 무한infinity 너머로 날자는 이 파격! 모순형용어법矛盾形

容語法의 맛을 탁월하게 잘 살린 이 표현을 스티브 잡스도 특히나 좋아했을 것입니다. 그가 이 명대사를 통해 이 말을 걸어올 것만 같습니다.

"체인 리더chain reader가 되십시오. 통념, 고정관념이라는 이름의 사슬chain을 끊고 '상상력 날개'를 달면 가보지 못할 세계란 없습니다."

백남준 연구 전문가로 〈나의 사랑 백남준〉을 펴낸 남정호의 책 〈백남준〉은 에필로그에 이 내용이 있습니다.

'2013년 8월. 영국 북쪽의 유서 깊은 고도 에든버러에서 세계적 문화의 향연인 '에든버러 국제 페스티벌이 열렸다. 연극, 영화, 재즈, 출판 등 온갖 장르의 문화 행사가 어우러진 이 페스티벌의 그 해 테마는 '예술과 기술'이었다.'

'에든버러에 초대된 대가는 백남준만이 아니었다. 조각가, 발명가, 음악가, 해부학자, 심지어 요리사였던 레오나르도 다빈치의 전시회도 열렸다.'

'두 사람이야말로 예술과 기술또는 과학의 경계를 넘나들며 새로운 장르와 새로운 세계를 펼쳐 보인 위대한 거인이었기 때문이다.'

백남준은 '20세기의 다빈치'로 불리곤 합니다. 다빈치처럼 예술·과학에 모두 능통했던 통섭형 예술가였으므로. 끊임없이 새로운 세상을 열어젖힌 창조적 두뇌의 소유자였으므로.

'남이 안 다니는 길로 가는 걸 나는 좋아한다'라고 자주 선언했을 만치 낯익은 걸 멀리하려 했던 백남준에게 '상상력의 근원'은 무엇이었을까요. 남정호의 책에 따르면 뉴욕에서 그와 교류했던 사진작가 임영균이 백남준에게 그걸 물었다고 합니다. 백남준의 대답은 이것입니다.

'사마천의 〈사기 史記〉를 정독하라.'

백남준의 상상력 원천 중 하나도, 왜 아니겠습니까, 독서입니다. 백남준이 1996년에 뇌졸중으로 쓰러지기 전 미국 신시내티에서 창작할 무렵 그를 경제적으로 도운 예술적 후원자는 유대인 화상畵商 칼 솔베이입니다. 그가 이렇게 술회했다고 남정호가 책 〈백남준〉에 소개하고 있습니다.

"백남준은 굉장히 지적인 사람으로 지독한 독서광이었다. 신시내티에 올 때 가방을 들고 왔는데 그 안에는 칫솔 정도 외에는 책이 전부였다."

위대한 르네상스적 인간 백남준을 가리켜 전 문화부 장관 이어령은 이렇게 말했습니다.

'우리 한국인 앞에 놓인 문명이라는 바다에는 백남준이라는 등대가 있으므로 능히 항해할 수 있다.'

상상력의 위대함에 대하여 아인슈타인은 다음 명구를 인류에게 선물하였습니다. 이 책 4부 **1,000편일류 상영관**에도 나오는 글입니다.

'나는 내 상상력을 자유롭게 그릴 수 있는 예술가다. 상상력은 지식보다 중요하다. 지식은 제한돼있는 반면에 상상력은 세계 전체를 둘러싸고 있기 때문이다.'

영문은,

I am enough of an artist to draw freely upon my imagination. Imagination is more important than knowledge. For knowledge is limited, whereas imagination encircles the world.

이 명문장을 마주할 때마다 저는 **imagination**상상력을 '도서관'과, **knowledge**지식는 '학교'와 연관 지어보곤 한답니다. 학교에서 키우는 지식은 유한limited이지만 도서관에서 키우는 상상력은 무한limitless이기 때문에….

'뫼비우스의 띠'와 창조적 상상력

Drawing hands
Waterfalls
Relativity

손을 그리는 손
폭포
상대성

이것은 네덜란드 태생 판화가 마우리츠 코르넬리스 에셔Maurits Cornelis Escher, 1898~1972의 대표작 제목입니다.

그의 작품은 '뫼비우스의 띠 **Mobius strip**' 아이디어로도 유명한데요, 무한과 영원 그리고 윤회의 주제를 즐겨 그렸습니다. 특히 '상대성'은 크리스토퍼 놀란Christopher Edward Nolan, 1970 감독의 영화 〈인셉션 Inception〉과 영화 포스터 제작에도 큰 영향을 끼쳤습니다. 영화 제작진이 피카소의 명구대로 아이디어를 창의적으로 '훔친' 사례이지요.

문학적 상상력literary imagination이 특출났던 한 영국 학생의 답안지를 소개합니다. 먼저 그가 받아든 시험 문제부터 소개합니다.

'예수님이 물을 포도주로 바꾼 기적을 종교적 영적 의미에서 서술하시오.'

아이작 뉴턴Issac Newton, 1643~1727을 배출한 트리니티 칼리지가 200년쯤 전 출제한 시험 문제입니다.

영문은,

Write about the religious and spiritual meaning in the miracle of Christ turning water into wine.

시험지를 받고 두 시간여 동안 한 줄도 적지 않은 채 창밖만 내다보며 멍때리던 한 학생에게 감독관이 다가가 말했습니다.

"시간 다 됐으니 뭐라도 써내야 하지 않겠는가?"

그제야 이 학생이 부랴부랴 딱 한 줄 써 제출했습니다.

The water met its Master and blushed.

의미는,
  물이 주님을 보고 얼굴이 붉어졌다.

'문학적 상상력'이 탁월했던 이 학생의 이름은 조지 고든 바이런George Gordon Byron, 1788~1824입니다.

디자이너는 역발상 전문가

창조적 상상력의 소유자는 디자이너designer입니다. designer를 쪼개봅시다.

designer = de + sign + er

sign은 '상식常識'입니다. '비상구 표지' 또는 '비상구 사인'을 의미하는 exit sign이나 '교통 표지'의 traffic sign에서처럼 **sign**은 사람들 사이에 약속된 의미를 담고 있어서 누구나 안다는 뜻의 '상식'입니다.

de는 destruct^{파괴하다}에서처럼 접두어입니다, **er**은 signer^{가수}, publisher^{출판인}, boxer^{복서}에서처럼 사람^者을 의미하지요.

그러므로 세 조각 '**de, sign, er**'을 합친 **designer**는 상식파괴자^{常識破壞者}입니다. designer처럼 상식파괴자도 세 단어 조합이지요. 즉, '상식 + 파괴 + 자^者'이니까요.

창조적 상상력이 뛰어난 상식파괴자가 즐기는 놀이가 있습니다. 역발상^{逆發想} 놀이입니다. 그들은 평소 '**What if**^{만약에?}' 질문을 즐깁니다.
'**Why**^{왜?}'는 호기심 북돋우는 위대한 질문입니다. 한편 세계적 디자이너와 동명이인인 저술가 폴 스미스^{Paul Smith, 1929~2006}는 책 〈스토리로 리드하라 ^{Lead with a Story}〉에서 창의성과 혁신력을 북돋우기 위해 사용할 수 있는 가장 강력한 질문은 'What if ^{만약에?}'라고 주장합니다. 발상 및 관점 전환의 시작이 역발상^{逆發想} 물음인 'What if?'이니까요.

역발상으로 성과 내려면 '다른 눈, 다른 시각^{different angle}'으로 대상과 세상을 들여다보는 놀이와 훈련이 중요하겠습니다.

F-1에 출전하는 달팽이 이야기

'만약 달팽이가 인간 챔피언을 상대로 해 F-1 자동차 경주를 한다면?!'

드림웍스DreamWorks가 장편 애니메이션 〈터보 Turbo〉를 만들 때 적용한 역발상 아이디어입니다. 주인공이 달팽이라니요. 이 달팽이의 역발상 전략이 무엇인지는 꼭 영화를 보고 확인하길 권합니다. 작품의 명대사 하나를 소개합니다.

'이루지 못할 꿈은 없다.'

영문은,

No dream is too big.

영화 속 매니저는 아주 작은 달팽이에게 그렇게 큰 주문을 합니다. '창의적으로 생각하라'라는 뜻이기도 합니다.

'크게 되려면 크게 생각하라.'

영문은,

Think big to be big.

F. 스콧 피츠제럴드의 역발상

'What if만약에?'의 으뜸 사례로 꼽을만한 영화는 〈벤저민 버튼의 시간은 거꾸로 간다The Curious Case of Benjamin Button〉가 있습니다. 영화 이야기를 상영하려면 폴 고갱Paul Gauguin, 1848~1903의 말년 역작力作 이야기부터 펼쳐야 하겠습니다. 먼저 제목부터….

　우리는 어디서 오는가?
　우리는 무엇인가?
　우리는 어디로 가는가?

영어 제목은,
　Where Do We Come From?
　What Are We?
　Where Are We Going

그림 우측 아래에는 탄생의 상징인 갓난아기가, 그림 중앙엔 지식 추구와 욕망의 원형인 아담과 이브가, 그림 좌측 아래에는 곧 이승과 이별할 운명의 노인이 있습니다. 탄생, 성장, 소멸의 구도로 시간이 우에서 좌로 흐르고 있지요.

어느 소설가가 역발상 질문 What if?를 해보았을 겁니다. 남들과 반대로 전시장 왼편에서 오른쪽으로 이동하면서 작품을 감상했을 법한 그가 구도와 반대 즉, '노인 모습으로 태어나 신생아 모습으로 생을 마치는 이야기'를 상상해 소설을 지었거든요.
'어느 소설가'란 F. 스콧 피츠제럴드F. Scott fitzgerald, 1896~1940입니다. 그의 1922년 작 단편소설 〈벤저민 버튼의 기이한 사건 The Curious Case of Benjamin Buton〉은 그렇게 탄생했을 테고, 그걸 각색한 영화 〈벤저민 버튼의 시간은 거꾸로 간다〉가 완성되었고요.

광고 천재 이제석의 역발상

'만약에What if?'의 역발상 아이디어 사례로 이번엔 광고 작품을 상영합니다.

Raid

승용차 문에 붙어있는 상표입니다. 바퀴벌레 등 해충 살충용 제품으로 유명한 브랜드이지요. 무척 흥미로운 점은 이 상표가 부착돼있는 승용차가 뒤집힌 채 길가에 세워져 있다는 점입니다. 차는 뒤집혀 있으나 상표는 똑바로 붙어 있고요. 실제 상황은 아닙니다. 어느 광고인이 연출한 작품이니까요.

또 하나 흥미로운 점은, 승용차 브랜드가 폭스바겐의 비틀Beetle이라는 점입니다. 'beetle'은 딱정벌레잖아요. 이미지 속 승용차 크기만큼 거대한 바퀴벌레일지언정 죽여 뒤집어놓을 만치 레이드Raid는 살충력이 강하다는 걸 내세운 광고입니다.

'유머 광고'의 한 형태로 아이디어가 무척 기발한 역발상 사례인데요, 이 광고를 만든 이는 책 〈광고 천재 이제석〉을 지은 세계적 광고인 이제석입니다. ✪

언박싱
삽화 이야기

무한대infinity, 반사, 대칭, 원근법, 다면체, 쌍곡선 등에 천착한 예술가가 있습니다. 수학에서 영감을 얻은 그의 전문 예술 분야는 목판화, 석판화, 그리고 그래픽 아트입니다. 네덜란드 태생인 그는 마우리츠 코르넬리스 에셔Maurits Cornelis Escher, 1898~1972. 예술가로서의 그의 삶은 심지어 그의 모국에서조차 무시당하곤 했습니다. 그의 회고전이 70세에 이르러서야 열렸을 정도이니까요. 지금은 전 세계가 앞다투어 그의 전시회를 열어 그를 기념하고요.

에셔는 '뫼비우스의 띠Möbius Strip' 형상을 즐겨 변주하였는데요, 말년의 작품인 〈뱀Snakes〉에서도 이게 잘 나타나 있습니다. 1969년 7월 처음 인쇄된 〈뱀〉은 에셔가 죽기 전 마지막으로 인쇄한 작품입니다. 맞물리는 원 구성은 원반을 묘사하고 있으며 원반의 가장자리에는 세 마리 뱀이 있습니다.

CREATIVITY 창의력

IBM이 조사한 리더의 베스트 역량

Spawn More **Jobs**

2010년 1월. 뉴욕타임스 칼럼니스트 토머스 프리드먼Thomas Friedman, 1953~은 위 제목으로 칼럼을 써 오바마 대통령에게 주문했습니다. 제목에 두 개 의미가 포함된 필자의 주문 'Spawn More Jobs'는 무슨 뜻일까요.

spawn은 개구리가 '알을 바글바글 낳다'라는 뜻입니다. 토머스 프리드먼은 '더 많은 일자리를 만들어달라'는 주문을 위해 의도적으로 시선을 끄는 이 표현을 쓴 겁니다.

제목이므로 칼럼 제목 문장에서 소문자 'j'의 **jobs** 대신 대문자 'J'의 **Jobs**라고도 쓴 거고요. 그런 이유는 더 많은 스티브 잡스를, 더 많은 양질의 일자리를 국가가 창출하려면 창의적 교육이 선행돼야 하므로 그런 교육을 시행할 수 있게 정부가 투자하고 애써달라는 당부를 그가 한 것입니다.

같은 해에 IBM이 1,500명의 세계적 최고경영자에게 질문 하나를 했습니다.

'가장 중요한 리더십 역량으로 무엇을 꼽겠습니까?'

만장일치 대답은 창의력creativity입니다.

창의력 강화 교육이 왜 필수여야 하는지를 잘 보여주는 설문조사가 아닐 수 없겠습니다. 남아프리카공화국 대통령 넬슨 만델라Nelson Mandela, 1918~2013가 말했습니다.

'가장 강력한 무기는 교육이다.'

영문은,

Education is the most powerful weapon.

이유가 뒤따릅니다,

'이 무기로 세상에 변화를 일으킬 수 있기 때문이다.'

'용기'는 창의성의 핵심 요소

영화 〈세 얼간이 3 Idiots〉는 인도 유명 공과대학교가 무대입니다. 호기심·상상력·창의력이 무척 뛰어난 대학생 셋이 주인공입니다. 질문을 즐기는 이들 삼총사는 학교에다가 창의성 교육을 요구합니다.
한편, 이들을 얼간이라며 따돌리는 교수는 암기에만 의존하는 기계적 공부를 강제합니다. 대결 결과는 삼총사의 완승完勝. 큰 변화를 일으키는 승리로 마무리됩니다.

'창의성은 삶에 대한 태도입니다.'

영문은,
    Creativity is an attitude toward life.

무슨 의미일까요? 창조적 능력creativity, creative ability을 갖춘 이는 많습니다. 그런데도 창의성을 잘 발휘하지 못하는 이유는 뭘까요.
인공지능 이론가·인지심리학 교수 로저 샹크Roger Schank, 1946~2023의 분석에 따르자면 창조적 태도creative attitude에 문제가 있기 때문입니다. 그렇다면 그가 꼽는 가장 중요한 창조적 태도는 무엇일까요.

'창의성의 핵심 요소는 용기이다.'

영문은,
    A key ingredient of creativity is courage.

창의성의 최대 적들

'상상력을 가장 잘못 사용한 결과는 불안감anxiety이다.'

미국 작가 디팩 초프라Deepak Chopra, 1946~의 명구입니다.

영문은,

> The worst use of imagination is anxiety.

반대로 '상상력을 가장 잘 사용한 결과'는 그가 뭐라고 썼을까요. '창의력 creativity'입니다.

영문은,

> The best use of imagination is creativity.

그렇다면 '불안감'을 비롯해 창의력의 최대 적은 또 무엇이 있을까요. 자기 의심self-doubt입니다.

거절당해도 자기 의심이 생기지 않게 하는 자세가 얼마나 중요한지 잘 보여주는 사례가 있습니다. 스타벅스 창업자 하워드 슐츠Howard Schultz, 1953~의 이야기입니다. 창업을 준비할 당시 상담 대화를 나눴던 총 242명 투자자 중 무려 217명에게 거절당했으나 그는 굴하지 않았다고 전해집니다.

8세 때 문예지에 시를 발표했을 만큼 천재였으나 요절한 미국 시인·소설가 실비아 플라스Sylvia Plath, 1932~1963도 자기 회의self-doubt에 관하여 썼습니다.

'창의성의 최대 적은 자기 회의다.'

영문은,

The worst enemy to creativity is self-doubt.

'복사해서 붙인다'를 줄여 쓴 '복붙'은 또 어떤가요. 이것도 창의력의 최대 적입니다. 창의성을 죽이는 독毒입니다. 초등학생 때부터 앞다퉈 이 독배毒杯를 마시려고 달려듭니다. 무분별하게 행해지는 이 '복붙'은 도둑질입니다.

절도망각증竊盜忘却症 · **kleptomnesia**은 미국 심리학자 댄 길버트Dan Gilbert, 1957~가 만든 조어입니다. '다른 이의 아이디어가 자기 것이라고 착각하는 현상'입니다. '복붙' 행위는 곧 절도망각증 환자가 되는 첩경입니다.

무엇인가를 성취할 때 걷게 되는 두 길

무엇일까요, 그 두 길이란? 미국 와튼 스쿨 조직심리학 교수 애덤 그랜트Adam Grant, 1981~가 독창성**originality**의 힘을 다룬 책 〈오리지널스 Originals〉에서 묻고 답합니다.

'하나는 순응하는 길. 나머지는 독창성을 발휘하는 길이다.'

그가 꼬집습니다.

"주입식 교육에 길든 한국 학생들은 죽도록 암기만 하고 교사는 하나의 획일적 답만 찾도록 가르친다."

창의적 질문을 던지며 여러 가지 가능한 답을 찾는 공부, 즉 독창성을 키우는 공부와는 정반대로 걷고 있는 게 우리나라 학생이라는 지적입니다.

창의성 발현을 위한 아이 Eye

창의력을 발현하려면 '어떤 눈'을 가져야 할까요?

 '창의력이란 어린아이 눈으로 세상을 바라볼 때 발현되는 거야.'

배우 이보영이 광고대행사 임원으로 등장하는 jtbc 드라마 〈대행사〉를 보다가 이 대사가 나오는 대목에서 무릎을 쳤습니다. 스티브 잡스가 만든 장편 애니메이션 제작사 픽사의 모토를 제가 떠올렸기 때문입니다. 그걸 이 꼭지에도 소환해 봅니다.

 '어린아이 눈으로 세상을 들여다보라.'

3부 **본편 상영관** 중 **창의성을 키워주는 필수 7요소와 CICI** 꼭지에 소개한 문장이지요. 먼저, '보다'와 '들여다보다 · 톺아보다'의 의미는 어떤 차이가 있는지 개념도로 설명해봅니다.

보다	들여다보다 · 톺아보다
see: eyes 눈	**look at:** eyes 눈
	head 머리
	heart 가슴

눈만 작동하는 '보다'는 성인의 행동 방식입니다. 한편 눈, 머리, 가슴이 동시에 작동하는 '들여다보다'는 어린아이의 행동 방식입니다. 창의력이 발현되려면 동심의 눈으로 대상이나 세상을 들여다보는 훈련이 필수이겠습니다. '낯익은 걸 낯설게 보는 훈련'도 필수이고요.

낯익은 걸 낯설게 보기

이것은 17세기 초 잉글랜드의 내과 의사·생리학자 윌리엄 하비William Harvey, 1578~1657의 제안입니다.

관련하여, 뉴욕타임스 출신 기자·작가 에릭 와이너Eric Weiner, 1963~가 인문학서 〈천재의 발상지를 찾아서 The Geography of Genius〉에 소개한 글을 인용해봅니다.

> '당시 사람들은 조수가 바다에서 들고 나는 것과 같은 방식으로 피가 심장에서 몸으로 흐른다고 생각했습니다. 하비도 처음에는 그렇게 믿었지

만, 어느 날 물고기의 심장이 몸밖에 노출된 뒤에도 계속 뛰는 걸 '톺아보는 눈'으로 관찰했습니다.'

이어집니다.

'윌리엄 하비는 심장이 펌프와 같은 작용을 한다는 걸 정확하게 추측했습니다. 낯익은 것을 낯설게 보고 낯익은 것을 낯설게 만들었기 때문에 그렇게 추측할 수 있었던 건데요, 창의적인 사람이라면 누구나 가지는 능력입니다.'

대답이 아니라 물음을 던지는 방법

미국 사회학자 해리엇 주커먼Harriet Anne Zuckerman, 1937~은 노벨상 수상자 94명을 대상으로 연구했습니다. 이 연구의 출발은 이 질문입니다.

'노벨상 수상자들은 살아가면서 핵심 멘토를 만났기 때문에 성공했을 텐데 그들이 멘토에게서 무엇을 배웠을까?'

해리엇 주커먼이 노벨상 수상자들에게 멘토와의 관계에서 정확히 어떤 도움을 얻었는지 물었더니 '학문적 지식'은 맨 꼴찌였다고 합니다. 과연 그들은 멘토에게서 무엇을 배웠을까요.

'대답이 아니라 물음을 던지는 방법'입니다.

'문제를 해결하는 사람은 질문에 대답하는 반면에 문제를 찾는 사람은 새로운 질문을 발견한 다음 그 질문에 대답'하는데요, 어느 쪽인지를 보면 그가 창조적 두뇌 소유자인지 아닌지 알 수 있겠습니다.

그래서일까요, ChatGPT의 출현을 상상조차 못 했을 피카소가 이런 재담을 남겼더군요.

'컴퓨터는 쓸모없다. 정답밖에 못 내놓으니까.'

영문은,

Computers are useless.
They can only give you answers.

독서 열풍 일으킨 '도서관 고양이' 이름

'창의력은 새로운 것을 고안하는 능력이다.'

경제학자로 하버드대학교 경영대학원 교수였던 시어도어 레빗Theodore Levitt, 1925~2006이 정의한 창의력의 개념입니다.

영문은,

Creativity is thinking up new things.

몹시 춥던 1988년 겨울. 미국 아이오와주 도시 스펜서의 공립도서관 사서 비키 마이런Vicki Myron, 1947~이 출근해 도서관 문을 열다가 고양이 울음소리를 듣게 됩니다.

그녀는 누군가가 도서 반납함book drop 안에 넣은 듯한 생후 8주 새끼고양이를 꺼내 보살피며 이름을 지어줍니다. 무척 특별합니다. 도서 십진분류법을 창안한 도서관학자 이름 멜빌 듀이Melvil Dewey, 1851-1931에서 딴 이름 '듀이 리드 모어 북스Dewey Readmore Books'입니다. 이후 도시에 놀라운 변화가 일어납니다. 듀이를 보러온 시민들이 고양이 이름을 부르다가 이렇게 자문하기 시작했거든요.

'Do we read more books?'

의미는,

나는 책을 더 많이 읽나?

사서가 지은 창의적 이름 덕분에 스펜서 시에 독서 열풍이 일어났고 미국뿐 아니라 해외에서도 수많은 매체가 '도서관 고양이 듀이'를 취재하러 몰려왔습니다.

도서관은 역할이 위대합니다. 지역 사회가 시민에게 혜택을 주기 위해 할 수 있는 그 어떤 것보다 중요한 일을 도서관이 하고 있으니까요. 미국 시인·작가 T.S. 엘리엇Thomas Stearns Eliot, 1888~1965이 우리에게 그 역할을 명구로 일깨웁니다.

'도서관은 그 존재만으로도 우리가 아직 인간의 미래에 대해 희망이 있음을 가장 잘 보여주는 증거다.'

그래서 독서가 빌 게이츠는 '공공도서관에 대한 투자는 국가의 미래에 대한 투자다'라고 말했지요.

도서관을 애용하기 전 우리가 제일 먼저 알아야 할 것은 무엇일까요. 아인슈타인은 '이거다'라고 정답을 공개했습니다.

　'당신이 절대적으로 알아야 할 것은 도서관 위치다.'

영문은,

　The thing that you absolutely have to know is the location of the library.

창의성·창의력은 사물과 사물을 '연결하는' 역량이다

영문은,

　Creativity is just connecting things.

스티브 잡스의 명구입니다. 1995년 〈와이어드 매거진 Wired Magazine〉과 인터뷰할 때 그가 한 말입니다.

사물thing을 아이디어idea로, 연결을 융합으로 바꾸어도 좋겠습니다. 다른 사람의 좋은 아이디어에 내 아이디어를 붙여 새롭고 특별한 아이디어를 만드는 역량을, 동종 또는 타 분야 산업의 좋은 아이디어에 내 아이디어를 연결해 새롭고 특별한 아이디어를 만드는 역량을 스티브 잡스는 창의성이라고 정의한 겁니다.

그렇다면 우리가 '사물과 사물', '아이디어와 아이디어'를 연결하는 능력은 어떻게 키울 수 있을까요.
우리는 직접 경험한 것들을 연결하는 행위를 통해 새롭고 특별한 것을 만들어 냅니다. 우리가 다른 이들보다 더 많은 걸 경험하거나 직접 해본 경험들에 대하여 더 많이 그리고 더 깊게 생각하노라면 연결의 결과는 당연히 더 훌륭할 테겠고요.

분야와 분야를 넘나드는 통섭 공부도 연결 역량을 키우는 데 필수입니다.

'함께 넘나들어라.'

영문은,

Jump together.

하버드대학교 에드워드 O. 윌슨Edward Osborne Wilson, 1929~ 교수가 책 〈통섭 Consilience: The Unity of Knowledge〉에서 그렇게 설파하고 있습니다.
그는 과학, 인문학, 예술의 대통합을 주창하는 통섭의 개척자로 꼽힙니다. 그의 제자 최재천 교수가 만든 **Consilience**의 번역어 통섭統攝은 책의 부제副題대로 '지식의 연결과 통합'을 의미합니다. 라틴어 '**Consilience**'가 '함께 넘나듦Jumping together'을 뜻하고 있기도 하고요.

천재는 아무도 못 보는 표적을 맞힌다

이 소제목은 철학자 아루투어 쇼펜하우어Arthur Schopenhauer, 1788~1860의 명구입니다.

영문은,

    Genius hits a target no one else can see.

실화 다큐멘터리 영화 〈밤셸 Bombshell: The Hedy Lamarr Story〉의 헤디 라머Hedy Lamarr, 1914~2000도 그에 걸맞은 발명가입니다.
히틀러의 침략을 피해 미국에 와 정착한 유대계 헤디 라머는 1940년대 초 연합국의 승리를 도울 혁명적 아이디어를 냅니다. 이름하여 '주파수 도약周波數跳躍·Frequency Hopping'. 독일군의 전파 교란을 무력화할 수 있는 이 기술은 아군의 어뢰 공격 성공률을 높여줄 놀랍고 혁신적인 발명입니다.
오늘날 와이파이, 블루투스 그리고 첨단 군사위성의 기초가 된 그녀의 아이디어를 미국 해군 고위 지휘관은 무시하였습니다. 그는 분명 '창의력 결핍 리더'였을 것입니다. 그녀가 표적 정중앙에 화살을 꽂았는데 그걸 빵점으로 처리한 이 고위 지휘관은 결코 창조적 리더creative leader가 아닙니다. 외모 못지않게 위대한 아름다움인 그녀의 내면과 창의력을 들여다보지 못했던 겁니다. 인류의 복지 향상에 공헌한 그녀의 업적은 1997년이 돼서야 공식적으로 인정받았습니다.

현실감이 떨어집니다

한 영화감독이 드라마 시리즈물 창작 대본을 들고 여러 제작사를 찾아다닐 때 들었던 말입니다. 무려 12년이나 퇴짜 맞은 그의 이름은 명작 〈남한산성〉을 감독한 황동혁. 드라마 제목은 '오징어 게임 Squid Game'.
넷플릭스가 제작하였고, 서비스를 개시한 지 12일 만에 전 세계 시장에서 1위에 올라 센세이션을 일으켰지요.

〈오징어 게임〉 대본의 창의성을 알아보지 못한 국내 제작자들이 누구인지, 그리고 '현실감이 떨어지지 않은' 어떤 대단한 드라마를 그들은 만들었는지 저는 궁금하지 않습니다. 대본을 꼼꼼하게 읽고도 그 가치를 알아보지 못했다면 창조적 리더 creative leader가 아녔을 테니까요. ✪

INNOVATION 혁신력

가장 효과적 실행법은 '해버리기'

꿈은 한계 그을 수 없는 것

장편 애니메이션 제작사 픽사PIXAR의 1995년 창립 작품 〈토이 스토리 Toy Story〉에서, 그리고 이어지는 후속작마다 우주비행사 버즈 라이트이어가 비상飛翔을 시작하기 전 외치는 명대사를 여기에도 소환해봅니다.

    '날자, 무한無限 너머로!'

가당치도 않은 허세일까요? 저는 이 명대사의 메시지가 이거라고 봅니다.

'인간에게 날개가 있으니 그건 한계를 뛰어넘는 상상력이다'.

그때로부터 반세기 전. 미지의 창공을 탐험하겠다고 날개를 펼친 미국 여성 비행사가 있습니다. 전기영화 〈아멜리아: 하늘을 사랑한 여인 Amelia〉의 주인공입니다. 35세 아멜리아 에어하트Amelia Earhart, 1897~1937가 남편 조지에게 간청합니다.

"대서양을 단독으로 비행하고 싶어."

남편이 손사래 칩니다.

"찰스 린드버그가 대서양을 단독 횡단한 이후 5년 동안 아무도 못 해낸 모험이야. 14명이나 목숨을 잃었다고."

'가장 효과적인 실행의 방법은 실행해버리는 것이다.'

아멜리아의 말입니다.

영문은,
  The most effective way to do it, is to do it.

그녀가 얼마나 혁신적인지 잘 보여주지요. '혁신의 동력은 실행력'이니까요. 1932년 5월 아멜리아는 여성으로선 최초로 대서양 단독 횡단에 성공합니다.

그녀는 한계를 뛰어넘는 게 상상력만은 아니라고 힘줘 말합니다.

"한계 그을 수 없는 게 꿈 아닌가요?"

영어는,

What do dreams know of boundaries?

그녀의 다음 꿈은 4만km가 넘는 세계 일주 비행입니다. 무지개 너머 미지의 세계를 꿈꾼 〈오즈의 마법사 The Wizard of Oz〉 주인공 도로시처럼 아멜리아도 캔자스 출신입니다.
도로시와는 달리 안타깝게도 아멜리아는 돌아오지 못합니다. 그 이유는 알려진 대로입니다. 영화가 공개하는 1937년 7월 2일 실종 사건의 복합적 요인은 가려둡니다.

"비행은 내 운명이야."

아멜리아의 대사입니다.

영문은,

I have to fly.

아멜리아의 전인미답前人未踏 탐험은 비록 미완으로 끝났지만 위대한 도전 정신은 불멸이지요. '꿈'을 '대양'으로 은유한 그녀의 끝부분 육성대로 영원히 살아서 이어질 테니까요.

'누구나 비행할 대양이 있어요.'

Everyone has oceans to fly.

'실행'은 가장 중요한 마지막 95%

못이 없어서 편자를 잃었고,
편자가 없어서 말을 잃었고,
말이 없어서 기수를 잃었고,
기수가 없어서 전투에서 패배했고,
전투에서 패배해 왕국을 잃었고,
편자 못이 없어서 모든 것을 잃었다.

벤저민 프랭클린Benjamin Franklin, 1706~1790의 명구입니다. 13세기부터 전해내려오는 속담이라는 주장도 있습니다.

실행을 위한 필요충분 요소가 누락 됐을 때 어떤 예상치 못한 심각한 결과가 초래될 수 있는지를 일깨우는 명구이지요.

영문은,

For the want of a nail the shoe was lost.
For the want of a shoe the horse was lost.
For the want of a horse the rider was lost.
For the want of a rider the battle was lost.
For the want of a battle the kingdom was lost.
And all for the want of a horseshoe nail.

'아이디어가 5%라면 실행은 95%'라는 뜻으로 맥킨지 & 컴퍼니McKinsey & Company사의 한 중역이 이렇게 말했습니다.

'실행은 가장 중요한 마지막 95%다.'

영문은,
　　Execution is the all-important last 95%.

세상에서 가장 먼 거리

"요기서 요기까지 얼마나 멀다고…!"

jtbc 드라마 〈나쁜 엄마〉에 나오는 여주인공 이미주의 대사입니다. 그녀의 연인 최강호는 괴한이 일으킨 교통사고로 기억을 잃었다가 지극정성인 어머니

의 간호와 보호 덕분에 기억을 되찾는 검사인데요, 그가 사고를 당하기 전 자신이 이미주와 결혼을 약속한 사이인 걸 기억해냅니다.

최강호의 아버지는 그가 어렸을 때 의문의 죽임을 당했는데요, 아버지의 살인자가 누군지 파헤치는 임무를 완수하려고 길을 떠나기 직전 연인 이마에 입을 맞춥니다. 그러곤 떠나려는데 이미주가 최강호를 불러세워 뽀루퉁하게 말합니다. 손가락으로 자기 이마와 입술을 번갈아 가리키면서….

"요기서 요기까지 얼마나 멀다고…!"

앞 요기는 이마, 뒤 요기는 입술입니다. 이 장면을 보다가 저는 무릎을 치며 경영학자 피터 드러커의 명구를 떠올렸답니다.

'세상에서 가장 먼 거리는 머리에서 가슴까지다.'

영문은,

> The longest distance in the world is from the head to the heart.

겨우 18인치쯤 되는 이 거리가 세상에서 가장 먼 거리라는 은유입니다. 함의가 뭘까요.

머리는 '아는 것knowing'입니다. 가슴은 '행하는 것doing'입니다. '흡연은 몸에 해로우니까 끊어야지'라고 다짐하듯이 즉, 무언가를 해야 한다는 걸 잘 알고 있으면서도 그걸 실천이나 실행을 통해 혁신**innovation**, 담배 끊기하는 게 얼마나 어려운가를 잘 말해주는 명구입니다.

우리가 어떤 일·임무를 완수해야 할 때 그걸 잘 해내는 비결은 미루는 습관을 없애고 잘 마무리 짓기 위해 최선을 다하는 것이겠지요. 혁신의 필수조건은 실행입니다. 그러자면 해야 할 일을 위한 용기·결단력이 따라야 할 것이고, 결과를 미리 걱정하거나 실행을 해보기도 전에 위험을 감수하느라 시간을 낭비하지 않아야 하겠고요.

'어제는 떠났고, 내일은 아직 오지 않았다. 우리에겐 오직 오늘뿐이다. 지금 시작하자.'

테레사 수녀의 글입니다.

영문은,

Yesterday is gone, tomorrow has not yet come. We have only today, let us begin.

베이브 루스의 예고 홈런

'Babe Calls His Shot'

1932년 10월 2일 자 〈시카고 데일리 Chicago Daily〉에 실린 기사 제목입니다. 의미는,

'베이브 루스가 예고 홈런을 치다.'

야구 앙숙 뉴욕 양키스와 시카고 커브스가 맞붙은 월드시리즈 3차전 5회. 타석에 들어선 홈런 타자 베이브 루스가 배트를 들어 마치 손짓하듯 한 지점을 겨냥했습니다. 그곳으로 홈런을 치겠다는 의사표시를 한 겁니다. 결과가 어땠을까요.
기적 같은 일이 일어났습니다. 그가 겨냥한 곳에 홈런을 친 겁니다. 신문 기사 덕분에 유명해진 표현이 이겁니다.

'베이브 루스의 예고 홈런'

영문은,

Babe Ruth's called shot

'미래를 예측하는 가장 훌륭한 방법은 그 미래를 직접 창조하는 것이다 The best way to predict the future is to create it.' 다시 소환해본 이 명구는 링컨의 문장이라고도 알려져 있습니다. 그렇게 믿고 저의 다른 책에서 소개한 적 있습니다. 경영학자 피터 드러커의 명구라는 게 정설입니다.

'미래를 예측한다.' 이게 의미하는 건 비전 vision입니다. '그 미래를 직접 창조

한다.' 이것은 실행doing을 의미하고요. '베이브 루스의 예고 홈런'은 말비전, vision뿐인 헛약속이 아니고 결과로서 혁신innovation을 직접 입증한 사례라 할 수 있겠습니다.

2017년에 세계 1위 경영 컨설턴트로 선정된 로저 마틴Roger Martin, 1956~은 이렇게 말했습니다.

"미래 목표를 내세운 리더는 수없이 많아도 그 미래 목표를 미리 선언한 이후 현실로 달성한 경영자는 드물다."

로저 마틴의 말에서 '미래의 목표'는 비전vision입니다. '현실로 달성하는 것'은 혁신innovation이고요. 토론토대학교 경영대학원 명예교수 로저 마틴이 모범 사례의 하나로 꼽은 인물이 고故 이건희 회장입니다. 그는 이건희 회장을 '다른 이에게 영감을 주는 리더십 소유자로 말뿐이 아니라 초일류가 되겠다는 약속vision을 결과로 입증한' 혁신적 리더라고 했습니다.

끝일까요? 아니겠지요?

우리는 1부 **프롤로그 상영관**에서 3부 **본편 상영관**까지 **WATCH, HILTON, ICT, LIFE, RACE, LIFT, VIP, CSI**, 그리고 **CICI**와 그것들을 분리했을 때 생성되는 다양한 불멸의 키워드를 감상했습니다. 이것으로 이제 끝일까요? 아니겠지요? 4부에 **1,000편 일류 상영관**이 영사기를 켜놓고 기다립니다. ✪

언박싱
삽화 이야기

"나는 두려워하지 말아야 한다. 두려움은 정신을 죽이는 것이다. 두려움은 완전한 소멸을 앞당기는 작은 죽음이다. 나는 나의 두려움에 직면할 것이다. 나는 그것이 나를 지나 나를 통과하도록 허락할 것이다. 그리고 그것이 지나갔을 때 나는 내면의 눈을 돌려 그 길을 볼 것이다. 두려움이 사라진 곳에는 아무것도 없을 것이다. 오직 나만 남을 것이다."

프랭크 허버트Frank Herbert, 1920~1986의 소설 〈듄 Dune〉에 나오는 명문장입니다. 이 중 일부가 영화 〈듄 2 Dune: Part Two〉에 반영됐습니다.

I must not fear. Fear is the mind-killer. Fear is the little-death that brings total obliteration. I will face my fear. I will permit it to pass over me and through me. And when it has gone past I will turn the inner eye to see its path. Where the fear has gone there will be nothing. Only I will remain.

4 1,000편일류 상영관

1,000편일류 상영관 **1**관

'입체적 사고'의 비결

이건희식 1,000편일류 영화 보기

천편일률千篇一律

국어사전이 정의하는 '천편일률'은,

1. '책 천 권'이 모두 한 가지 가락으로 이루어져 있음. 즉 모든 사물이나 글에 차이점이 없이 똑같음
2. 여러 시문의 격조格調가 모두 비슷하여 개별적 특성이 없음
3. 여럿이 개별적 특성이 없이 모두 엇비슷한 현상을 비유적으로 이르는 말

이 '천편일률'을 저는 이렇게 언어유희**pun** 해봅니다.

1,000편일류千篇一流

창의성·창의력의 핵이 독창성임을 밝히는 '다르게 생각하기'는 그 본질이 '따라 하지 않기의 재미를 추구하기'입니다.
관련하는 글로 철학자 프리드리히 빌헬름 니체Friedrich Wilhelm Nietzsche, 1844~1900의 명구가 '차갑고 뜨겁게' 빛납니다.

> '젊은이를 타락에 이르게 하는 가장 확실한 방법은 다르게 생각하는 사람보다 똑같이 생각하는 사람을 더 높이 존경하라고 가르치는 것이다.'

영문은,

> The surest way to corrupt a youth is to instruct him to hold in higher esteem those who think alike than those who think differently.

'입체적 사고'로 다르게 보기

고故 이건희 회장은 어린 시절 일본에서 유학할 때 영화를 자그마치 1,000편가량 보았다고 전해집니다. 그의 1,000편일류千篇一流 사고방식의 큰 기둥 하나가 영화 감상에 뿌리내리고 있었다는 뜻입니다.

1997년에 나온 책 〈이건희 에세이: 생각 좀 하며 세상을 보자〉는 '생각하는 것을 실제 행동에 옮긴 창조적 경영자' 이건희가 자신의 통찰insight, 창의 originality, 혁신innovation 등에 대하여 직접 쓴 보고寶庫입니다.

그는 책에서 특히 '영화 감상의 중요성'을 강조하고 있습니다. 이유는, '동일 사물을 보면서도 본질을 다각도에서 파악하는 능력인 입체적 사고력을 키울 수 있다는 점' 때문입니다. 다시 말해, 천편일률적이고 평면적인 사고의 틀을 깨는 입체적 사고 훈련의 하나가 영화 감상이라는 뜻이지요. 입체적 사고는 그 본질이 '다르게 보기'와 '다르게 사고하기'입니다.

imagination ⓝ The power to make pictures in the mind

'상상력'을 미국 초등학생용 사전 수준으로 풀이한 정의입니다. 독자 여러분도 앞으로 불멸의 키워드 개념과 불멸의 명문장 메시지를 여러분만의 시각적 사고visual thinking 방식을 통해 '머리나 마음으로 그림 그리는 놀이 즉, 상상력을 키우는 놀이'를 더 많이 즐겨보길 권합니다. 시각적 사고는 창의적으로 사고하는 데에도 대단히 중요한 개념이니까요.

상상력의 위대함에 대하여 설파한 알베르트 아인슈타인의 명구를 소환해봅니다.

'나는 내 상상력을 자유롭게 그릴 수 있는 예술가다. 상상력은 지식보다 중요하다. 지식은 제한돼있는 반면에 상상력은 세계 전체를 둘러싸고 있기 때문이다.'

상상력을 시사회preview에 비유한 아인슈타인의 명언도 인구에 회자膾炙 됩니다.

'상상력은 다가올 생의 매력들을 미리 보는 능력이다.'

영문은,
Imagination is the preview of life's coming attractions.

우리는 상상력이 아이디어를 만드는 역량이고, 창조적 상상력은 독창적 아이디어를 만드는 역량이라고 익혔습니다. 창조적 아이디어creative ideas를 만드는 역량인 창조적 상상력은 시각적 사고visual thinking 능력과 언어력을 증진할수록 더 잘 발현됩니다.

1,000편일류 입체적 사고방식과 이것의 위대함을 역설한 이건희 회장의 통찰을 소개하다 보니 우리가 앞에서 만나본 명감독 마틴 스코세이지Martin Scorsese, 1942~의 명구를 다시 공유하고 싶습니다.

'탁월함excellence을 추구하는 데 필요한 작은 실천 과제'를 집대성한 책 〈리틀 빅 씽 The Little Big Things〉의 저자인 경영학자 톰 피터스Tom Peters, 1942~가 조사해 밝혔듯이 세계적 최고경영자들의 공통점 하나는 그들이 영화를 즐겨 본다는 점입니다. 그러는 이유에 대한 명쾌한 답 또한 마틴 스코세이지의 이 문장이라고 저는 확신합니다.

'영화는 우리의 가슴을 건드리고, 미래를 보는 눈이 뜨이게 해주고, 사물

을 바라보는 방식을 바꿔준다.'

영문은,

Movies touch our hearts and awaken our vision, and change the way we see things.

마틴 스코세이지 감독도 불멸의 키워드로 가슴heart, 비전vision 그리고 변화시키다change 등 세 개념의 위대함을 강조하고 있지요. 이것을 일깨우는 영화는 그 자체로 또 얼마나 위대한지요.

책 〈이건희 에세이〉는 부제副題마저도 우리 눈을 붙들어 잡기에 충분합니다.

'생각 좀 하며 세상을 보자'

프랑스 소설가 폴 부르제Paul Bourget, 1852~1935의 명구를 떠올리게 하는 부제이거든요.

'사람은 자신이 생각하는 대로 살아야 한다. 그렇지 않으면 자신이 살아온 방식대로 생각하게 된다.'

영어로 옮긴 문장은,

One must live the way one thinks or end up thinking the way one has lived. ✪

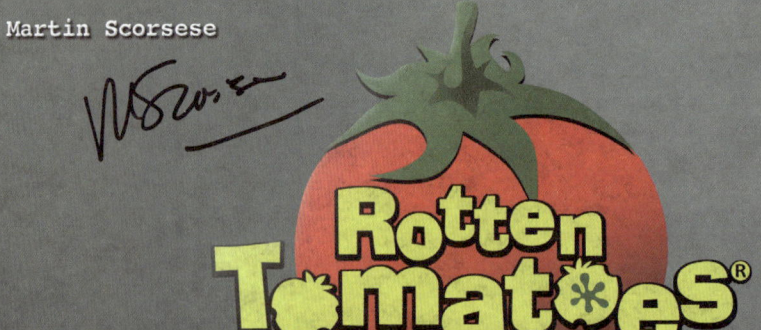

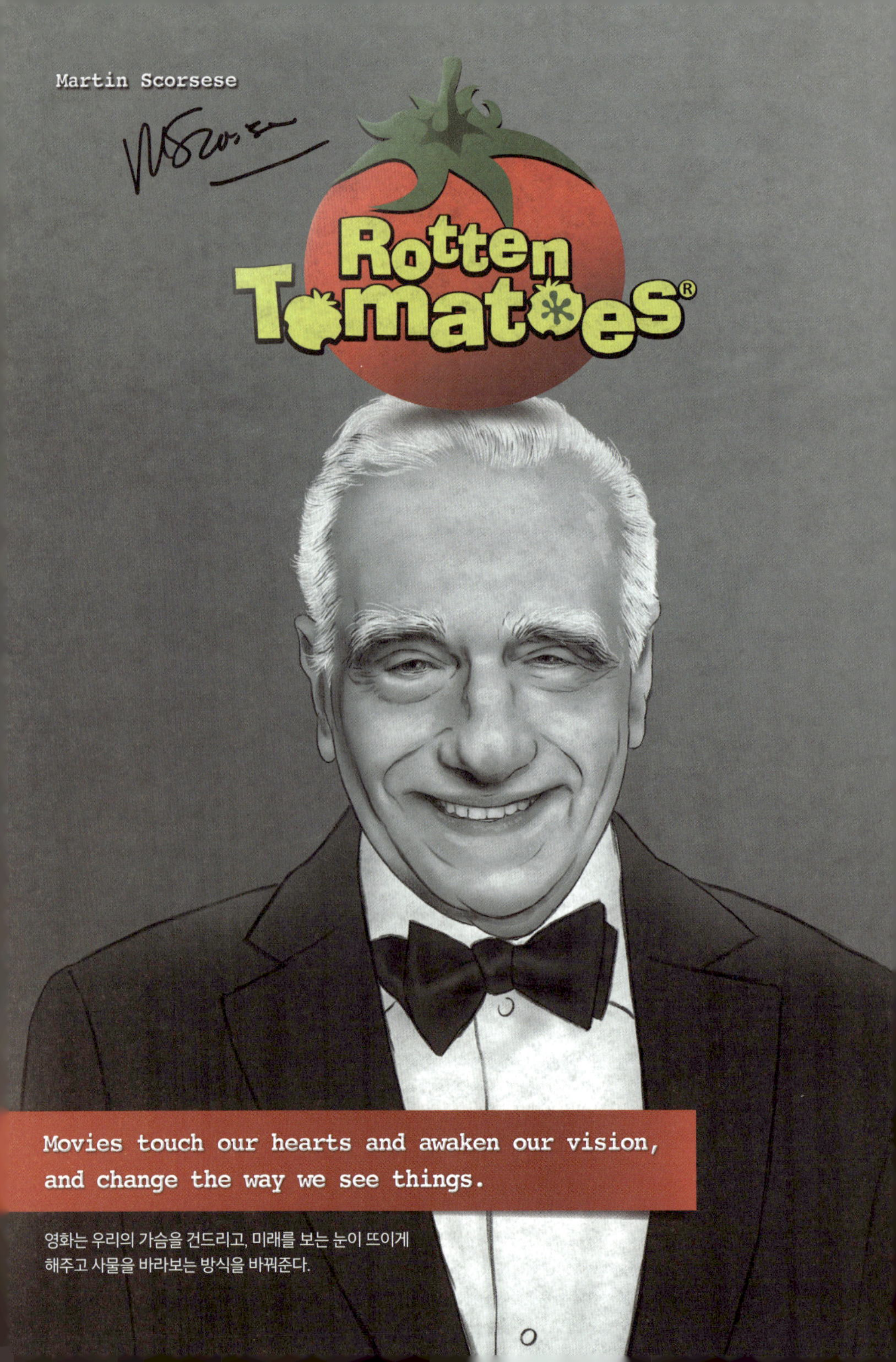
Martin Scorsese
Rotten Tomatoes®
Movies touch our hearts and awaken our vision, and change the way we see things.
영화는 우리의 가슴을 건드리고, 미래를 보는 눈이 뜨이게 해주고 사물을 바라보는 방식을 바꿔준다.

1,000편일류 상영관 2관

'1,000편일류' 명작
1,000편 보기

〈불멸의 키워드 상영관〉은 이제 마지막 장으로 5부 **에센스 상영관**, 6부 **에필로그 상영관**만 남겨놓고 있습니다. 하지만 혹시라도 "앗, 벌써 끝인 거야" 하며 아쉬워할 독자가 있지 않을까 싶어 추가 코너를 편성했습니다.

영화를 1주일에 2편씩 보면 1년에 104편, 10년에 1,004편 볼 수 있겠습니다. 놓친 영화 가운데 '불후의 명화'로 이름값 할 작품을 찾아 차곡차곡 감상해보고 싶어질 작품이 많겠지요. 이런 영화에 이름을 붙여봅니다, '1,000편일류 명작'.

'1,000편일류 명작' 보물창고

'1,000편일류 명작'으로 손색없을 작품을 고르실 때 아래 사이트 등을 방문해 보세요. 재미있고 유익한 백과사전적 정보가 풍성하거든요.

1. IMDB

IMDB Top 250 Movies

https://www.imdb.com/chart/top/

2. VARIETY

The 100 Best Movies of All Time

https://variety.com/h/the-100-greatest-movies-of-all-time/

3. Rotten Tomatoes

300 Essential Movies To Watch Now

https://editorial.rottentomatoes.com/guide/essential-movies-to-watch-now/

문득 궁금해지지 않는지요, 이들 보물창고에서는 어떤 영화들이 최고 평점을 받고 있는지…. 2024년 현재, **IMDB**의 순위는 전 세계 네티즌이 매긴 평점 순입니다. **VARIETY** 버라이어티의 정보는 이 매체 출신 영화 평론가, 작가 그리고 편집자가 별점 없이 매긴 순위이고요. 각 1위~10위 작품 제목을 소개해봅니다.

영화 평가 플랫폼 로튼 토마토 **Rotten Tomatoes**의 최상위권 영화로는, 토마토미터 **Tomatometer** 즉, 토마토지수가 99%~100%인 영화 가운데 제가 임의로 뽑아 10편을 추천합니다.

IMDB 순위

1위. 〈쇼생크 탈출 Shawshank Redemption〉(1994) 9.3점

2위. 〈대부 The Godfather〉(1972) 9.2점

3위. 〈다크 나이트 The Dark Knight〉(2008) 9.0점

4위. 〈대부 The Godfather Part 2〉 2편(1974) 9.0점

5위. 〈12명의 성난 사람들 12 Angry Men〉(1957) 9.0점

6위. 〈쉰들러 리스트 Schindler's List〉(1993) 9.0점

7위. 〈반지의 제왕: 왕의 귀환 The Lord of the Rings: The Return of the King〉(2003) 9.0점

8위. 〈펄프 픽션 Pulp Fiction〉(1994) 8.9점

9위. 〈반지의 제왕: 반지 원정대 The Lord of the Rings: The Fellowship of the Ring〉(2001) 8.9점

10위. 〈석양의 무법자 The Good, the Bad and the Ugly〉(1966) 8.8점

VARIETY 순위

1위. 〈싸이코 Psycho〉(1960)

2위. 〈오즈의 마법사 The Wizard of Oz〉(1939)

3위. 〈대부 The Godfather〉(1972)

4위. 〈시민 케인 Citizen Kane〉(1941)

5위. 〈펄프 픽션 Pulp Fiction〉(1994)

6위. 〈7인의 사무라이 Seven Samurai〉(1954)

7위. 〈2001: 스페이스 오디세이 2001: A Space Odyssey〉(1968)

8위. 〈멋진 인생 It's a Wonderful Life〉(1946)

9위. 〈이브의 모든 것 All About Eve〉(1950)

10위. 〈라이언 일병 구하기 Saving Private Ryan〉(1998)

Rotten Tomatoes 순위

1위. 〈12명의 성난 사람들 12 Angry Men〉(1957) 100%

2위. 〈토이 스토리 Toy Story〉(1995) 100%

3위. 〈동경 이야기 Tokyo Story〉(1953) 100%

4위. 〈7인의 사무라이 Seven Samurai〉(1954) 100%

5위. 〈터미네이터 The Terminator〉(1984) 100%

6위. 〈자전거 도둑 Bicycle Thieves〉(1948) 99%

7위. 〈카사블랑카 Casablanca〉(1968) 99%

8위. 〈E.T. E.T. The Extra Terrestrial〉(1982) 99%

9위. 〈기생충 Parasite〉(2019) 99%

10위. 〈LA 컨피덴셜 L.A. Confidential〉(1997) 99% ★

언박싱
삽화 이야기

문득 1991년 영화 〈프라이드 그린 토마토 Fried Green Tomatoes〉의 토마토지수가 궁금해졌습니다. 76%이더군요, 관객이 매긴 점수는 87%이고요. 저는 훨씬 높은 점수를 주고 싶은 작품이랍니다. 원작은 패니 플래그의 소설 '프라이드 그린 토마토 Fried Green Tomatoes at the Whistle Stop Cafe.
"인생에서 가장 소중한 건 뭘까요 What is the most important thing in life?" 많은 영화가 도입부에서 즐겨 던지는 질문입니다. 무척 흥미롭게도 영화 〈프라이드 그린 토마토〉는 오묘한 표정으로 미소 지어 보이며 '소스 sauce'라고 말하는군요.

미국 남부 어느 마을에 소문난 맛집이 있습니다. 주인공은 씩씩하고 정의로운 이지와 소심하고 용기 없는 루스. 어릴 때부터 단짝인데요, 이들 백인이 흑인 종업원을 가족처럼 아끼자 백인 인종차별주의자들에게 눈엣가시가 됩니다. 한편, 마을에 살인사건이 일어나고 수사하러 온 형사는 빈손으로 돌아갈 판인데도 무려 다섯 접시의 바비큐를 비우곤 맛의 비밀을 묻습니다. 누군가가 대답합니다. "비밀은 소스에 있어요 The secret is in the sauce." 이 글에선 누가 범인인지도 비밀이어야 하겠습니다.

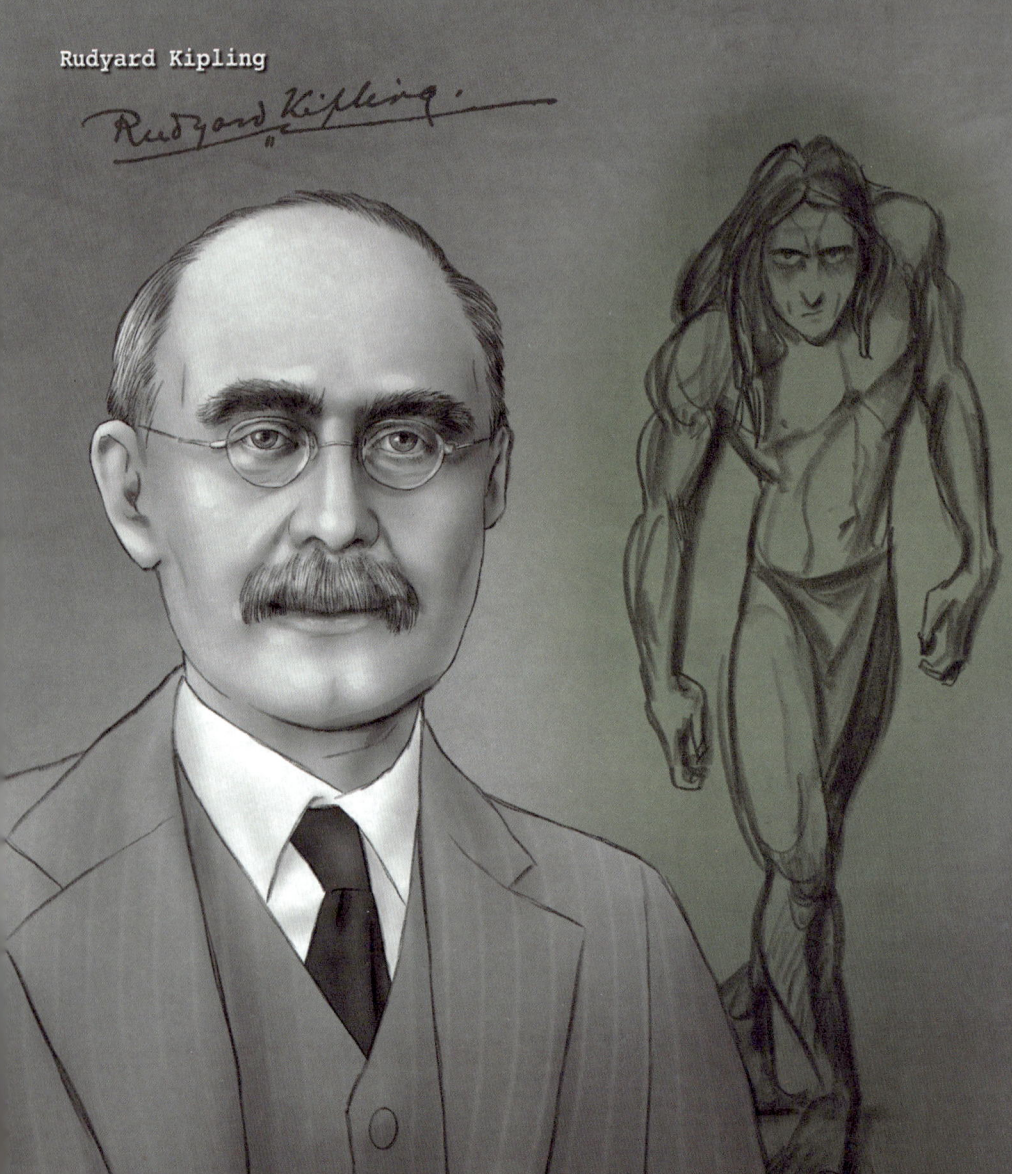

Rudyard Kipling

If history were taught in the form of stories, it would never be forgotten.

역사를 이야기 형태로 가르치면 사람들은 배운 걸 절대 안 잊을 것이다.

1,000편일류 상영관 **3관**

칼럼으로 명작 톺아보기
'1,000편일류 명작' 세 편

책 〈정글북 The Jungle Book〉 등을 지은 인도 태생 영국 소설가·시인 러디어드 키플링 Rudyard Kipling, 1865~1936이 스토리의 힘을 강조한 글이 있습니다. 불멸의 키워드는 스토리 story.

> '역사를 이야기 형태로 가르치면 사람들은 배운 걸 절대 안 잊을 것이다.'

영문은,

> If history were taught in the form of stories, it would never be forgotten.

러디어드 키플링의 이 통찰이 어디 역사 교육에서만 빛을 발하겠습니까. 저는 영화를 텍스트로 해 인문학 콘텐츠를 이야기로 들려주는 방식의 글쓰기를 즐깁니다.

100분가량 대중강연을 진행할 때도 저는 80장가량의 이미지와 40장쯤의 텍스트를 엮어 PPT를 만듭니다. 이걸 슬라이드쇼 하듯이 돌려가면서 제 글쓰기 방식대로 이야기를 통해 인문학 콘텐츠를 영사합니다.

가려 뽑은 '1,000편일류 명작 세 편'은

1. 이 책이 상영하는 불멸의 키워드 즉, **RACE**, **LIFT**, **CICI** 등의 개념을 두루 건드리는 영화입니다.

2. 명장 마틴 스콜세이지 감독의 통찰 즉, '우리의 가슴을 건드리고 미래를 보는 눈이 뜨이게 해주고 사물을 바라보는 방식을 바꿔주기'에 이름값 할만한 영화입니다.

3. 그가 천착하는 불멸의 키워드 세 개 즉, 가슴**heart**과 비전**vision**과 변화시키다**change**에 100% 맞춤형인 작품들로 대중성과 예술성을 두루 갖춘 작품입니다. 소개합니다.

〈히든 피겨스 Hidden Figures〉
〈일 포스티노 Il Postino〉
〈인생은 아름다워 Life Is Beautiful〉 ★

언박싱
삽화 이야기

일본 태생이면서 평생 한국 국적과 이름을 버리지 않은 건축가 유동룡庾東龍, 1937~2011. 제도상 일본에서 건축사무소를 운영하려면 일본 이름이 필요했기에 지은 예명은 이타미 준Itami Jun. 한국 땅을 밟을 때마다 거쳐 가는 오사카 이타미 국제공항에서 딴 이름입니다.

제주도에 그의 이름을 딴 '유동룡 미술관'이 있는데요, 그의 대표작은 경주에도 있습니다. 82m 높이의 직육면체 유리 벽에 신라 황룡사탑 실루엣을 음각한 상징적 건축물입니다. (재)문화엑스포가 2007년 세운 탑으로 이름은 '경주타워'. 안타깝게도 이 작품을 설계한 저작권자가 유동룡 임을 인정받기까지 지난한 법적 공방이 있었습니다. 탁한 마음을 먹었던 이들에게 〈논어論語〉가 가르칩니다. '과즉물탄개過則勿憚改' 즉, '잘못이나 허물이 있으면 고치기를 꺼리지 말라'. 유동룡의 손을 들어주기까지 장장 12년이나 걸렸다고 하니….

2019년 정다운 감독이 다큐멘터리 '이타미 준의 바다'를 만들었습니다. 러닝타임은 112분. 자연과 시간의 결이 깃든 건축을 선물한 건축가 이타미 준·유동룡이 경계인으로 어떤 삶을 개척했는지를 조명한 작품입니다.

'무명의 영웅'을 노래하다

⟨히든 피겨스⟩

할리우드 영화 ⟨히든 피겨스⟩는 실화입니다. 3인의 무명 체인지메이커 **change-maker** 즉, '변화를 일으키는 영웅'이 주인공인 작품으로 다음 키워드를 두루 다룹니다.

> **VIP**: **V**ision, **I**magination, **P**assion
> **LIFT**: **L**eadership, **I**nnovation, **F**eedback, **T**eamwork
> **CICI**: **C**uriosity, **I**magination, **C**reativity, **I**nnovation

대만 태생 영화감독 이안李安, Ang Lee, 1954~의 걸작 ⟨와호장룡⟩은 한자 제목이 '臥虎藏龍'입니다. 의미는 '웅크린 호랑이와 숨어 있는 용'.

영어 제목은,

Crouching Tiger, Hidden Dragon

이 가운데 장藏에 해당하는 단어 Hidden은 데오도르 멜파 감독의 〈히든 피겨스 Hidden Figures〉에도 있습니다. 'figures'의 의미는 '위인偉人들'과 '숫자들'.

1. 먼저, '가려진 위인들' 소개부터.

영화 도입부에서 백인 교통경찰관이 길에 퍼져있는 승용차에 다가갑니다. 흑인 여성 동승자의 신원을 캐보려는 겁니다. 경관이 무척 놀라워합니다. NASA National Aeronautics and Space Administration 즉, 항공우주국 출입증을 받아든 겁니다. 흑백차별을 받을까 봐 잔뜩 겁에 질려있는 삼총사에게 경관이 호기롭게 말합니다.

"미국이 우주 개발 경쟁에서 소련을 앞설 수 있게 힘써주세요."

백인 경관은 경광등을 켜곤 그들 차를 항공우주국 정문 앞까지 극진하게 호위합니다.

주인공 도로시 본은 전산 실력이, 캐서린 존슨은 수학 실력이, 메리 잭슨은 공학 실력이 뛰어납니다. 어려서부터 다 영재 소리 들으며 자란 삼총사입니다.

영어로 영재 교육은 'Gifted and Talented Education'입니다. 'gift'는 부모에

게 물려받은 선천적 재능이고 'talent'는 스스로 키우는 후천적 재능이지요. 네 단어의 첫 글자를 조합하면 **GATE** 즉, '문'입니다.

Gifted

And

Talented

Education

'우리는 향후 10년 안에 달에 가 다른 일들을 하겠노라고 결정했습니다. 그런데 이유는 그게 쉽기 때문이 아니라 어렵기 때문입니다."

영문은,

> We choose to go to the moon in this decade and do the other things, not because they are easy, but because they are hard.

1962년 9월 12일. 휴스턴의 라이스 대학교Rice University에서 존 F. 케네디John Fitzgerald Kennedy, 1917~1963 대통령이 청중을 향해 천명闡明한 비전vision입니다. 이 무렵 천재 삼총사가 우주로의 도약을 향한 문**GATE**을 열어젖힌 실화가 〈히든 피겨스〉입니다.

이 대목에서 우리는 깨진 유리창 이론Broken Windows Theory을 톺아봐야 하겠습니다. '깨진 유리창을 그대로 방치하면 건물의 나머지 유리창까지 파손될 것이고, 건물이 있는 곳은 결국 우범 지대가 될 수 있다'는 내용의 범죄학 학설이지요.

중요한 건 이 이론이 이제는 전(全)방위적 분야·영역에서 조명되고 있다는 점이고요. 〈히든 피겨스〉에도 '깨진 유리창'이 존재합니다. 성차별과 조직 내 편가르기 문화입니다.

때는 1960년대 초. 노예제가 폐지되고 백여 년이 흘렀는데도 흑인은 백인 화장실을 쓸 수 없고, 버스에서 뒤쪽 좌석에만 앉아야 했고, 백인 식당은 흑인에게 음식 서빙을 거부했던 시대였습니다.
법원이 흑인 학생을 백인 일색인 학교에서 받아주라고 명령하면 학교가 자진 폐교해 흑인 학생을 받지 않던 시대였고요. 영화는 당시 흑인 여성 인재들이 항공우주국에서 어떻게 차별받았고 이들 영웅의 존재가 왜 가려져 있어야 했는지 조명합니다.

2. 이번엔 '숨은 숫자'에 관하여

NASA의 사명은 '항공과 우주에서 미지의 세계를 탐험하고, 인류의 이익을 위해 혁신하며, 발견을 통해 세상에 영감을 주는 것'입니다.

영문은,

> NASA explores the unknown in air and space, innovates for the benefit of humanity, and inspires the world through discovery.

이들 삼총사는 NASA의 사명과 과업에 밀알이 되기 위해 각자에게 주어진 소명에 따라 묵묵히 헌신합니다. 자기들이 얼마나 대단하게 국가에 이바지하게 될지 모른 채….

도로시는 여성 흑인들로만 편성된 전산실 리더입니다. IBM 컴퓨터실이 처음 NASA에 생겼을 때 그녀와 동료가 혁혁한 공을 세웁니다. IBM에서 온 백인 남성 컴퓨터 전문가들조차도 쩔쩔맬 때 도로시가 독학으로 쌓은 실력을 뽐내며 입력값을 뽑아내자 전문가들 눈이 휘둥그레집니다.
수학 천재 캐서린은 아이비리그 출신 백인 천재들조차 절레절레 고개를 젓는 수학 문제를 척척 풀어 우주선 발사에 필요한 숫자를 내놓습니다. 나사가 유인 우주선 발사 실험을 개시할 땐 수학 지식과 상상력을 총동원해 착륙지점 좌표의 오차를 바로잡습니다.
한편 메리는 NASA 밖에서도 투쟁합니다. 최초의 흑인 NASA 엔지니어를 꿈꾸는 그녀는 백인과 수업을 함께 들을 수 없음에도 백인 판사를 논리정연하게 설득해 수강증을 따냅니다. 이 장면은 그녀의 창의적 도전creative challenge 정신을 잘 보여주는 대목입니다. 한때 그녀가 친구들에게 했던 말에 뼈가 들어 있음을 내비치는 대목이어서 누구라도 통쾌해 합니다.

"우리가 앞서갈 기회가 생기면 백인들은 꼭 결승선을 옮겨버린다니까."

〈히든 피겨스〉에서 꼽을만한 명장면 하나는 화장실에서 일어납니다. 흑인은 볼일을 보려면 수백 미터 떨어진 흑인용 화장실에 달려가야 하는데요, 사정을 모르던 백인 본부장이 캐서린에게 따져 묻습니다.

"왜 근무 시간에 자꾸만 자리를 비우는 거요?"

캐서린이 당차게 대답합니다.

"800미터나 떨어져 있는 거 알고 있었어요? 볼일 보려면 그 먼 거리를 들입다 뛰어야 한다고요."

본부장은 모든 흑인 여성이 보는 앞에서 대못 뽑는 공구인 '노루발못뽑이'로 '흑인용**COLORED**'이라고 적힌 표지판을 박살 냅니다. '깨진 유리창 문화'를 혁파하려는 행동입니다.

본부장의 호소가 뒤따릅니다.

"나사에서는 다 똑같은 색 오줌을 눕니다."

영문은,

Here at NASA we all pee the same color.

이 말을 세 단어 문장으로 바꾸면 'We are united우리는 하나다'입니다. 우주 개발 경쟁에서 미국이 소련에 뒤처지게 하는 요인 가운데 하나가 흑백 인종차별임을 본부장도 인정한 것입니다.

미국 포스터의 홍보문구도 함께 톺아볼까요.

Meet the women you don't know. Behind the mission you do.

의미는,
당신이 모르고 있는 여인들을 만나보십시오. 당신이 알고 있는 우주 개발 임무의 이면에 가려진 그 여인들을.

창의력**creativity**도, 실행 역량이 뿌리인 혁신력**innovation**도 탁월한 삼총사 도로시, 캐서린 그리고 메리는 모두 백인 중심의 주류 사회에 혁신적 변화 **innovative change**를 일으킨 위인입니다. 변화를 일으키는 리더**change-makers**의 표상입니다.

마고 리 셰틀리의 원작 논픽션은 버락 오바마 미국 전 대통령의 부인 미셸 오바마도 극찬한 바 있습니다. 저자의 집필 의도를 요약해 소개합니다.

'가려진 채로 잊힌 존재가 아닌, 미국 사회의 중심부에서 빛난 존재인 그들을 세상에 알리고 싶었다. 흑인이거나 여자이기 이전에 그들은 다 미국사의 중요한 일부이고 일원이므로.' ✪

'불멸의 아름다움'을 노래하다

〈일 포스티노〉

'언어의 존재 이유는 인간의 선함과 아름다움을 표현함에 있다.'

〈설국 雪國〉으로 1968년 노벨문학상을 탄 일본의 대문호 가와바타 야스나리かわばたやすなり, 川端康成, Kawabata Yasnari, 1899~1972의 명구입니다.

영문은,

> Our language is primarily for expressing human goodness and beauty.

이번 영화의 키워드는 아름다움beauty입니다. 이 개념의 위대함에 대하여 생각해보자니 우리가 결코 빠트릴 수 없는 명구가 떠올랐습니다. 러시아 대문호 표도르 도스토옙스키Fyodor Mikhailovich Dostoevski, 1821~1881가 책 〈백치 Idiot〉에 쓴 명문장입니다.

'아름다움이 세상을 구할 것이다.'

영어는,

Beauty will save the world.

시인 박재삼朴在森, 1933~1977은 삼천포의 바다 등 자연을 통해 영원하고 지고 지순한 아름다움을 노래했습니다. 그의 어머니가 이 말을 아들에게 즐겨 했다고 하는군요.

'노래는 참말이고 시는 곧 노래다.'

제목의 뜻이 우편집배원postman인 이탈리아 영화 〈일 포스티노 Il Postino〉의 주제어도 '참말'입니다.

때는 1950년. 무대는 이탈리아 어느 외딴 섬마을. 주인공은 가난한 어부의 아들 마리오입니다. 그를 소개하기에 알맞은 시가 있습니다.

그러니까 그 나이였다 ... 시가
나를 찾아 나섰다.

And it was at that age ... Poetry arrived
in search of me.

1971년 노벨문학상을 탄 칠레 국민 시인 파블로 네루다Pablo Neruda, 1904~1973
의 작품 「시 Poetry」의 첫 두 행입니다. 영화는 네루다로 인해 마리오가 시인
으로 변모하는 과정을 그립니다.

문맹자가 태반인 마을에서 글을 읽고 쓸 줄 아는 덕분에, 그리고 자전거가 있
기에 마리오는 망명 시인 네루다를 위한 전속 우편집배원으로 채용됩니다. 대
시인은 유일한 말벗인 이 청년에게 사랑을 은유隱喩하는 글쓰기를 가르칩니
다. 네루다가 묻습니다.

"이 섬에서 가장 아름다운 게 무엇인가?"

제자가 대답합니다.

"미소 지을 때 얼굴에 나비의 날갯짓이 번지는 베아트리체입니다."

마리오는 식당 종업원 베아트리체와 가정을 이룹니다. 자유의 몸이 된 스승
네루다는 고국에 돌아갑니다.

네루다의 명구를 소개합니다.

'시는 평화를 꽃피우는 행위다. 빵을 만들 때 밀가루가 빠지면 안 되듯이
평화를 위해 시인이 꼭 필요하다.'

영문은,

> Poetry is an act of peace. Peace goes into the making of a poet as flour goes into the making of bread.

네루다의 수제자로 사랑 시를 즐겨 써온 마리오가 변화합니다. 정의와 평화 등 위대한 아름다움을 '참말'로 노래하는 시인이 되어가는 겁니다. 거짓말하는 정치인들 때문에 혼탁해진 세상의 중심에서 그가 위대한 진리인 '아름다움이 세상을 구할 것이다Beauty will save the world'를 깨달았기 때문입니다.

수년 후 섬을 찾은 스승은 안타깝게도 마리오가 죽기 전 남긴 선물을 통해 제자와 재회합니다. 섬에서 가장 아름다운 것들의 하나인데요, 무슨 선물인지는 가려둡니다. ✪

언박싱
삽화 이야기

대문호 가와바타 야스나리와 표도르 도스토옙스키가 말한 '아름다움'은 세상에 '변화를 일으킬 수 있는' 잠재력이고 '희망의 등불'로 위대한 아름다움이기도 합니다. 'hope희망'은 Hold on, pain ends끝까지 포기하지 않으면 이겨낼 수 있다'의 네 단어 첫 글자로 조합해볼 수 있는 단어입니다.

2014년 미국. 한 산모가 출산하던 중 폐로 혈전이 옮겨간 폐색전증 때문에 혼수상태에 빠졌습니다. 의료진은 가족이 산모와 작별 인사를 해야 할 때가 된 거 같다면서 우려했는데 한 간호사가 '역발상 질문What if?'을 던집니다. "산모와 아기의 피부를 접촉하게 하는 방법을 써보면 어떨까요?"

"만약 잠재의식 속에서 산모가 자기를 부르는 핏줄의 목소리를 들을 수 있다면?" 이렇게 상상한 간호사는 알몸 신생아를 산모 가슴에 안겨놓고는 아기를 꼬집거나 간지럽혀 울려봤습니다. 아기가 반응했고 산모의 생명징후vital가 증가했으며 출산 후 1주일째에 산모가 깨어났습니다. "그녀가 제 생명을 구했어요She saved my life." 이렇게 감동한 산모는 간호학을 전공하던 24세 학생이었습니다.

'위대한 삶의 목적'을 노래하다

〈인생은 아름다워〉

이번에 소개할 영화는 키워드 희망hope과 선물gift을 주제로 한 '창조적 서사'의 명작 〈인생은 아름다워 Life Is Beautiful〉입니다.

이 영화는 위대한 스토리텔러storyteller의 이야기인데요, 이 영화를 떠받치는 키워드 가운데 먼저 희망hope에 관하여 앞쪽 '언박싱 삽화 이야기'에서 소개한 명구를 소환합니다.

Hold on, pain ends.

'끝까지 포기하지 않으면 이겨낼 수 있다'라는 의미입니다. 흥미롭지요. 네 단어의 첫 글자를 순서대로 조합하면 **Hope**희망이 되니까요.

희망과 떼려야 뗄 수 없는 단어가 있으니 봄spring이지요. 1937년생 영국 화가 데이비드 호크니David Hockne, 1937~의 작품 제목에서도 빛을 발합니다.

Do Remember They Can't Cancel the Spring

의미는,

    그 무엇도 오는 봄을 막을 수 없음을 기억하라

참고로, 데이비드 호크니는 현존 작가 가운데 경매 기록 최고가를 기록한 화가입니다. 2018년 11월 크리스티 뉴욕 경매에 나온 호크니의 1972년 작품 '예술가의 초상 Portrait of An Artist'이 9,030만 달러한화 약 1,019억 원에 낙찰됐거든요.

데이비드 호크니가 프랑스 노르망디 화실에서 아이패드에 그려 2020년 봄 세상에 선뵌 수선화 그림과 제목 'Do Remember They Can't Cancel the Spring'이 널리 화제가 된 사연이 있습니다. 그 무렵 코로나-19가 창궐을 시작했고 세상 사람들이 무시무시한 공포에 빠져들기 시작했거든요.

수선화는 꽃말이 희망입니다. '오는 봄the spring'의 상징도 희망이고요.

이번엔 불멸의 키워드 선물gift에 관하여.

    '오늘은 선물입니다.'

영문은,

    Today is a gift.

이 잠언은 우리가 맞이하는 모든 '오늘'이 '하늘이 내려준 선물'이라는 은유입니다.

프란치스코 교황은 방한했을 때 시간time을 신이 내려준 선물이라고도 했습니다. '선물' 잠언과 교황의 메시지는 우리가 매 순간을 소중히 아껴 '오늘'을 잘 살아야 한다는 의미입니다.

이탈리아 감독 로베르토 베니니Roberto Benign, 1952~의 〈인생은 아름다워 Life Is Beautiful〉는 '위대하기에' 아름다운beautiful 이야기입니다.
감독은 언제 죽게 될지 모르는 이에게 '생명이 살아 숨 쉬는 오늘'이 얼마나 소중한지 설파하면서, 그러므로 희망을 잃으면 안 됨을 노래합니다. 감독은 영화 1부와 2부에서 각각 '생의 선물'을 제시합니다.

1부 무대는 1939년 이탈리아 투스카니. 시골에서 올라온 청년 귀도가 마을 교사 도라와 결혼해 '생의 선물' 조슈아를 얻고 작은 책방을 열어 행복한 가정을 일굽니다.
2부 무대는 1944년 유대인 수용소에서 벌이는 나치의 학살 현장. 하필 어린 아들 조슈아의 생일에 귀도는 함께 수용소에 끌려갑니다. 도라는 유대인이 아님에도 가족 가까이에 있고 싶어서 수용소에 자원해 들어갑니다.

이들이 겪는 괴로움은 단테의 〈신곡 Divine Comedy〉 가운데 '지옥 편 5곡' 내용대로 절절합니다.

'비참할 때 행복했던 옛 시절을 떠올리는 일보다 괴로운 것은 없다.'

영문은,

There is no greater pain than to remember the happy times during the misery.

'삶의 목적은 목적 있는 삶이다.'

영문은,

The purpose of life is a life of purpose.

이 명구는 메시지가 프리드리히 니체의 명문장에 맥이 닿아있습니다.

'살아야 할 '이유'를 가진 사람은 거의 모든 '방법'을 견딜 수 있다.'

영문은,

He who has a why to live for can bear almost any how.

이 명문장에서 '왜why'는 인간의 삶의 목적 또는 목표를 의미합니다. 한편, '어떻게how'는 삶의 목적을 향한 여정에서 우리가 직면하게 되는 수단과 길, 도전과 고난 등을 뜻합니다.
니체는 목적왜이 있다면 그걸 성취하는 여정에서 따르기 마련인 거의 모든 어려움이나 고난어떻게을 견뎌낼 수 있다고 설파한 것입니다.

〈인생은 아름다워〉는 홀로코스트와 관련이 깊은 작품입니다. 그러므로 우리는 니체의 사상에 영향을 받은 인물로 홀로코스트 생존자인 빅터 프랭클 Viktor Frankl, 1905~1997을 떠올릴 수 있겠습니다.

정신의학자·사상가 빅터 프랭클은 1946년에 낸 자전적 에세이 〈죽음의 수용소에서 Man's Search for Meaning〉에 니체의 생각을 반영하였는데요, '인생의 목적을 확고하게 가지는 것이 가장 가혹한 조건에서도 살아남는 데 중요하다'라고 주장합니다.

귀도의 삶의 목적은 전쟁의 광기와 독일군의 학살로부터 어린 아들을 지켜주는 것입니다. 이에 더하여 아들과 끝까지 살아남아 아내와 재회해서 '행복했던 옛 시절'로 돌아가는 것입니다. 그의 꿈이자 이 같은 삶의 목적은 지옥 같은 공포 속에서도 그를 '살얼음판 위 오늘'을 버티게 합니다.

귀도는 숨바꼭질 게임을 하러 수용소에 온 거라며 아들을 속입니다. 목표 점수 1,000점을 먼저 따기 위해 열심히 게임을 즐기는 아이는 "1등 상이 탱크야 The first prize is a tank"라는 아빠의 말이 참말일 거라 믿습니다.

마침내 연합군이 승리한 날 고요한 수용소 공터엔 아이만 남아 있습니다. 정적이 끝날 무렵 연합군 탱크가 아이 앞에 와 멈춥니다. 천진난만하게 기뻐하는 아이는 간밤에 아버지가 자길 지켜주느라 독일군에게 목숨을 잃은 사실을 모른 채 해맑게 만세를 외칩니다. 피란길에서 극적으로 엄마를 발견하자 아이가 또 만세를 외칩니다.

"우리가 이겼어, 엄마!"
"그래, 우리가 이겼어!"

특히 이 대목이 관객에게 큰 울림을 줍니다. 모자母子가 숨바꼭질 게임에서 이겼다는 의미로 보다는 모자가 인생의 승리자라는 의미로 관객은 크게 공감합니다.

맨 끝부분에서 아이는 아빠랑 게임에서 1등 상을 탔다고, 그게 탱크고 선물이라고 엄마에게 자랑합니다.
엄마 이름이 '도라Dora'이지요. 라틴어 dora의 뜻이 선물**gift**입니다. 부디 앞날엔 '평화로운 오늘'만 있기를 꿈꾸며 아버지 귀도가 인류의 미래인 아이에게 남긴 '생의 선물'은 다름 아닌 어머니**mother**입니다. ✪

5 에센스 상영관

Anatole france

Change is the essence of life.

변화는 삶의 필수 요소이다.

'   '는 삶의 에센스다

'삶의 정수'로 독자 여러분은 따옴표 안에 어떤 단어를 채우시겠습니까. 작가 아나톨 프랑스Anatole France, 1844~1924는 결연하게 '변화change'라고 했습니다.

영문은,
    Change is the essence of life.

빈칸을 무엇들로 채워볼까, 하고 생각하다가 에센스 상영관을 편성해보았습니다. 에센스 즉, **essence**는 정수精髓, 진수眞髓, 본질이지요. 〈불멸의 키워드 상영관〉이 틀어드리는 모든 불멸의 키워드와 명문장 가운데 목록 맨 윗단에 놓고 싶은 에센스 키워드·명문장을 가려 뽑아 실어봅니다.

1. '창조적 삶'과 핵심 키워드

        Amusement 재미

        Creativity 창의력

        Evolution 변화

2. '성공 열쇠'와 핵심 키워드

        Courage 용기

        Persistence 부단함

        Reading 독서

3. '창조적 삶'과 에센스 명문장·명대사

        Do what you love '자유'라는 이름의 '재미'

        Be the miracle '변화'라는 이름의 '기적'

        Today is a gift '오늘'이라는 이름의 '선물' ★

언박싱
삽화 이야기

'Begin now지금 시작하라!'에서처럼 Now는 실행의 필수 조건입니다. 한편 실행은 혁신의 필수 조건입니다. 혁신의 결과는 evolution변화입니다. 혁신의 결과가 훌륭하면 우리는 이렇게 반응합니다. "Wow우아!"

이 책 시놉시스 꼭지에 있는 레오나르도 다빈치 삽화 속 밀턴 글레이저의 명구를 소환해봅니다. "디자인 작품에 대해 소비자는 셋 중 하나로 반응한다: '좋은데', '별론데', 그리고 '죽이는데'! 소비자가 정말 찜하고 싶은 건 '죽이는데' 수준의 디자인이다." 영문은, 'There are three responses to a piece of design— yes, no, and WOW! Wow is the one to aim for'.

지금을 의미하는 **N**ow, 변화를 뜻하는 **E**volution, 감탄을 나타내는 소리 **W**ow에서 각 단어의 첫 글자를 조합하면 **NEW**입니다. 한자에 도장의 손잡이를 의미하는 '뉴'가 있으니 '鈕'입니다. 안꼭지 '뉴'입니다.

에센스 상영관 1관

'창조적 삶'과
에센스 키워드 ACE

1. **A**musement
   '재미'는 '창조적 삶'의 근원

'재미'의 amusement는 fun과 나름 맞잡이입니다. 아인슈타인이 '창의력은 지능을 재미있게 쓰는 역량이다'라고 했지요. 영문은, Creativity is intelligence having fun이고요.
'재미'는 창의력의 뿌리입니다. 동시에 '자유'와 '행복'의 본질이며 '창조적 삶·창조적 리더십'의 근원입니다.

2. **C**reativity
   '창조'의 날개는 '상상력'

극작가 조지 버나드 쇼가 '창조의 시작은 상상력'이라고 했지요. 영문은,

Imagination is the beginning of creation. 그가 이 명구도 남겼습니다. '인간은 원하는 걸 상상하고, 상상하는 것을 실행하여 창조한다.' 이 명구는 핵심 키워드가 동사 세 개입니다. 즉, 원하다**desire**, 상상하다**imagine**, 창조하다**create**. 형용사 **imaginative**는 창의력을 의미하는 **creativity**와 떼려야 뗄 수 없는 관계입니다. 의미가 '창의적인'이거든요. 창의력은 새로운 것을 고안하는 능력이고, 고안할 때 우리가 쓰는 무기가 상상력**imagination**이니까요.

3. Evolution
'영원불변'의 키워드 '변화'

대문호 레프 톨스토이Leo Tolstoy, 1828~1910가 썼습니다. '사람은 누구나 세상을 바꿀 생각을 하지만 아무도 자신에게 변화를 일으킬 생각을 하지 않는다.' 영문은, Everyone thinks of changing the world, but no one thinks of changing himself.

시인 루미Rumi는 이렇게 썼고요. '어제는 영리했기 때문에 나는 세상을 바꾸고 싶었다. 오늘 나는 현명해졌기에 나 자신에게 변화를 일으키겠다.' 영문은, Yesterday I was clever, so I wanted to change the world. Today I am wise, so I am changing myself.

철학자 소크라테스Socrates는 우리를 이렇게 가르칩니다. '변화의 비결은 낡은 것과 싸우는 것이 아니다. 새로운 것을 만드는 데 모든 에너지를 쏟는 것이다.' 영문은, The secret of change is to focus all of your energy not on fighting the old, but on building the new.

영원히 바뀌지 않는 진리는 무엇일까요? 헤라클레이토스Heraclitus가 정답을 내놓았습니다. '변화 이외에는 영원한 것이 없다.' 영문은, There is nothing permanent except change.

에센스 상영관 1관에서 창조적 삶의 정수精髓로 꼽는 키워드 세 개는 재미, 창의력, 변화입니다. 재미있는 삶을 살고, 창의적 삶을 살며, 노력하여 변화를 일으키는 사람을 지칭하는 에센스 키워드가 **ACE**입니다. 즉, **A**musement, **C**reativity, **E**volution입니다. ✪

Mark Twain

Reading makes a full man.

독서는 완전한 사람을 만든다. -프랜시스 베이컨

에센스 상영관 2관

'성공 열쇠'와
에센스 키워드 CPR

1. **C**ourage
'용기'는 창의성의 에너지

risk위험는 다른 뜻이 '도전'입니다. 용기는 도전하는 자의 실행에 절대적으로 필요한 동력입니다. '용기는 창의성의 핵심 요소'입니다. 영문은, A key ingredient of creativity is courage이고요.

용기 있는 사람은 두려움을 극복하기 위해 긍정적 감정을 활용합니다. 긍정적 감정의 하나가 월드 클래스 축구선수 손흥민이 SNS에 올린 '레모네이드 은유' 즉, 낙관주의optimism이고요. 중요한 건 낙관주의자가 그 반대인 사람보다 상대적으로 창의성이 훨씬 뛰어나다는 점이지요.

2. **P**ersistence
'부단함'은 열정·믿음의 결실

'성공의 비결은 부단함이다.' 영문은, The key to success is persistence. 부단함이 성공 비결로 성립하려면 전제조건이 있습니다. 우리를 끈기 있게 담금질하는 두 개로 열정**passion**과 믿음**faith**입니다.

열정은 매우 강렬한 감정으로 의지**will**와 야망**ambition** 그리고 열망**aspiration**을 북돋우어 성취·성공을 갈망하게 하지요. 믿음 없이도 성공할 수 있을까요. 아니라고 봅니다. 목표한 바를 이룰 수 있다는 믿음이 없다면 성공에 도달하기가 매우 어려울 테니까요.

3. **R**eading
'독서'는 창조적 삶의 등불

창의성의 뿌리는 재미**fun**이지요. 창의성의 본질은 변화**change**이고요. 창조적 삶의 원천은 독서력·언어력입니다. 그러므로 창조적 삶을 위한 등불이자 성공 비결은 독서**reading**입니다.

책읽기는 크나큰 희열입니다. 철학자 프랜시스 베이컨의 통찰에도 답이 있습니다. 그가 썼습니다. Reading makes a full man. '독서는 완전한 사람을 만든다'라는 뜻이지요

베이컨의 이 명구는 지적 성장의 본질과 역동성을 강조하고 있다고 생각합니

다. 독서의 힘은 우리를 충만하게 만든다는 데에 그 위대함이 있습니다. 다른 이의 작품에 빠져들어 그들의 창의성과 아이디어, 관점, 통찰, 지식 그리고 지혜를 흡수하여 내 것으로 채우는 창조적 행위이니까요.

독서를 하면서 우리는 **CICI** 즉, 호기심, 상상력, 창의력 그리고 혁신력을 키웁니다. 지적 지평을 넓힙니다. 다른 수단과 방법으로는 얻기 어려울 수 있을 통찰력을 얻습니다.

독서는 이처럼 더 큰 가능성의 세계로 향하는 창문을 활짝 열어줍니다. 선입견에 도전해보라고 우리를 북돋웁니다. 그래서 이 대목에서 철학자 루트비히 비트겐슈타인의 명구를 소환해봅니다. '내 언어의 한계가 나의 세계의 한계다.' 영문은, The limits of my language are the limits of my world.

독서와 관련한 대문호 마크 트웨인Mark Twain, 1835~1910의 촌철살인은 죽비와도 같습니다. '책을 안 읽는 사람은 책을 못 읽는 사람보다 나을 게 없다.' 영문은, The man who does not read has no advantage over the man who cannot read.

에센스 상영관 2관에서 꼽는 성공 열쇠 에센스 키워드 세 개는 용기, 부단함, 독서입니다. **C**ourage, **P**ersistence 그리고 **R**eading입니다. 이걸 '심폐소생술' **CPR**로 기억해보면 어떨까요. ✪

에센스 상영관 3관

'창조적 삶'과 에센스 명문장·명대사

이번 코너가 상영하는 에센스는 문장 세 개입니다. '창조적 삶'을 북돋우는 명문장입니다. 길이는 짧아도 의미는 웅숭깊습니다. 제가 이 책을 대표하는 명구로 삼는 문장입니다.

1. **Do what you love** 좋아하는 걸 하라
'자유'라는 이름의 '재미'

'자유는 좋아하는 걸 하는 것Freedom is doing what you love', '행복은 지금 하는 것을 재미있게 즐기는 것Happiness is loving what you do'이지요. 그래온 것처럼 저도 할 수만 있다면 오래오래 일을 놀이처럼 즐기며 살고 싶습니다. 영화를 번역하고, 책을 짓고 펴내고, 종합일간지에 칼럼을 연재하고, 그리고 강연하면서….

시서화집詩書畵集 〈이미도의 언어 상영관〉을 펴내 시詩도 여러 편 선뵀답니다. 2016년 부산광역시 〈국제신문〉의 문화부장 조봉권 기자와 '순천만 문학기행'에 동행했을 때 지은 시 「와온 臥溫」을 특히 좋아합니다.

    물이
    水
    들어온다.
    入
    입에 들어온다.
    口
    구불구불 굽이굽이 돌아 물은
    피가 되고
    血
    피는 따뜻하다.

    그래서
    溫
    '온'이다.

    태초부터 백성이 있었다.
    그래서 태백이다.
    태백의 산
    태백의 들
    태백의 바다
    태백의 천지간 피는 백성의 피다.

쭉정이가 아닌 백성의 피는 태초부터 따뜻하다.
따뜻한 피는 하염없이 낮추고 엎드린다.
그래서
臥
'와'다.

'와'가 '온'을 끌어안으면 비로소 붉다.
해넘이 타오름처럼 붉다.
그렇게 낮고 따뜻한 백성끼리 끌어안는 바다가
와온이다.

물이 들어온다.
바닷물이 들어온다.
광목 치마 풀어 펼친 갯벌에 들어온다.
태초만큼 까마득한 저 갯벌 끝 수평선에서
바다는 스스로 낮추고 엎드려 광목 치마에 물을 토해낸다.
붉디붉고 따뜻한 물이다.
와온 바다 갯벌은 그 피를 받아 생명을 잉태한다.

아낙이 와 온 마음 적셔 허리를 숙인다.
사내도 와 온 마음 적셔 자신을 낮춘다.
그렇게 아낙과 사내는 와온 바다 갯벌에서 이삭을 줍는다.

낮아서 따뜻한 와온 바다는 그래서 성스럽다.
낮아서 따뜻한 백성도 그러하다
태초부터 그러하다.

2. Be the miracle 네가 기적이 되거라
'변화'라는 이름의 '기적'

'Be the miracle'은 영화 〈브루스 올마이티〉의 명대사이지요. 누구나 노력해 자신에게 변화를 일으키면 그 결과·결실이 기적이라는 의미입니다. 핵심 메시지는 변화**change**이고요.

이 명대사를 떠올릴 때면 생각나는 격언이 있습니다. 'Heaven helps those who help themselves.' 의미는, '하늘은 노력하는 사람을 돕는다'. 이와 관련하여 이곳에 두 개 명구를 추가해봅니다.

> Luck favors the prepared.
> Failing to prepare is preparing to fail.

각 의미는,
> 행운은 준비된 사람에게 기회를 준다.
> 준비에서 실패하는 건 실패를 준비하는 것이다.

준비**preparation**는 더 재미있고 더 행복하고 더 창의적인 삶을 향해 발전하며 나아가려는 변화**change**의 필수 요소이지요. 성취·성공을 위한 준비 목록에서 독서**reading**는 맨 앞쪽에 있어야 하겠고요.

3. Today is a gift 오늘은 선물이다
 '오늘'이라는 이름의 '선물'

골프에서 가장 중요한 샷은 무엇일까요? 미국의 레전드 골퍼 벤 호건은 '이번 샷'이라고 했습니다. 영문은, The most important shot in golf is the next one.

골프를 인생에 비유할 때 '이번 샷'의 은유는 '오늘'입니다. 이전과 이후 샷이 무엇의 은유인지도 우리는 잘 압니다. 이번 글 키워드가 어제와 오늘 그리고 내일입니다. 먼저, 과거와 현재 그리고 미래의 교훈을 일깨우는 명구를 소환해봅니다.

'과거가 널 아프게 할 수 있겠지만 택해. 과거에서 도망치든지, 과거에서 배우든지.' 영문은, The past can hurt. But you can either run from it or learn from it.

'오늘은 당신의 남은 생의 첫날이다.' 영문은, Today is the first day of the rest of your life.

순서대로 월트디즈니의 장편 애니메이션 〈라이언 킹 The Lion King〉과 아카데미 작품상 수상작 〈아메리칸 뷰티 American Beauty〉의 간판급 명대사입니다.

'인생은 언제나 또 한 번의 기회를 준다'라고 하지요. '이 기회의 이름은 내

일'이고요. 영문은, Life always offers you a second chance. It's called tomorrow. 중요한 메시지는 이거겠고요.

'미래의 시작은 내일이 아니라 오늘이다.'

영문은,

The future starts today, not tomorrow. ✪

언박싱
삽화 이야기

미국 마스터스 골프의 성지聖地 오거스타 내셔널 골프 클럽Augusta National Golf Club에는 '호건 브리지Hogan Bridge'가 있습니다. 호건은 미국의 전설적 골퍼 벤 호건입니다. 세계에서 가장 유명한 이 골프 코스에서 가장 아름다운 랜드마크인데요, 애칭은 '골든 벨Golden Bell'로 12번 홀에 있습니다.

1949년 골프 경기 후 돌아오던 호건과 그의 아내는 그레이하운드 버스와 충돌했습니다. 캐딜락 세단의 운전석에 구멍이 뚫릴 만치 큰 사고였습니다. 충돌 직전 호건은 아내를 보호하기 위해 아내 쪽으로 몸을 던졌습니다.

36세 호건은 골반, 쇄골, 왼쪽 발목이 골절됐고 갈비뼈가 부러졌습니다. 의사들은 그의 골프 생명이 끝났다고 봤고 못 걸을 수도 있다고 판단했습니다. 어딜요, 재활에 성공한 호건은 1949년 11월 골프 활동을 재개했으며 1951년과 1953년 마스터스에서 우승했습니다. 그의 투지grit와 결단력을 기려 세운 다리가 '호건 브리지'입니다.

6 에필로그 상영관

Henry David Thoreau

I took a walk in the woods
and came out taller than the trees.

숲을 산책하고 왔더니 내 키가 나무보다 커졌다.

에필로그 상영관

Six Appeal과 빅 픽처

식스 어필

이 책은 애초 제목이 '불멸의 키워드'였습니다. 초고를 다 써놓고 보니 이 제목만으론 저의 '아이덴티티identity'가 드러나지 않겠다고 판단했습니다. 그래서 '상영관'을 첨가했답니다.

이 책을 멀티플렉스복합상영관 형태로 건축하려다 보니 신축건물인데도 안팎을 리모델링 할 작업이 필요했습니다. 복합상영관 하나하나에 몇 개 스크린screen, 상영관을 넣을까, 하고 구상하던 단계에서 떠올린 용어가 식스 어필Six Appeal입니다. Six Appeal 이야기를 상영하기 전 명사로 쓰인 'handsome'부터 만나볼까요.

Handsome is as handsome does.

이 문장에서 형용사 'handsome'은 명사 역할입니다. '사람은 외모가 아니라 행위를 보고 판단해야 한다You should judge someone by their actions and not by their appearance'라는 뜻입니다.

삼성전자 갤럭시 S 시리즈의 2015년 모델은 삼성 갤럭시 S6Samsung Galaxy S6입니다. 출시할 때 장착한 슬로건은 'Next is Now'입니다.

형용사 'next'가 'Next is Now'에서는 'handsome' 사례처럼 명사입니다. 의미는 '가장 훌륭한 신상품the greatest new thing', '가장 위대한 새 혁신the greatest new innovation'입니다. 부사 'now'도 'Next is Now'에서는 명사입니다. 의미는 '현재·지금the present moment'.

그러므로 'Next is Now'는 '가장 혁신적이고 훌륭한 신상품은 바로 이것삼성 갤럭시 S6'이라는 뜻입니다.

한편, 삼성 갤럭시 S6의 해외용 홍보문구는 '**Six Appeal**'입니다. 성적 매력을 의미하는 'Sex Appeal'을 언어유희 한 것이지요. 당시 이 문구를 광고에서 처음 봤을 때 감탄했던 기억이 있습니다.

이렇게 '식스 어필' 스마트폰 아이디어에서 영감을 얻어 '식스 어필' 극장을 짓게 된 거랍니다. 145,000자 원고를 총 6부로 리모델링 했고 1부에서 3부까지 상영관을 각 6개씩으로 리모델링 했으며 4부와 5부는 합쳐서 6개 스크린으로 리모델링 했답니다.

빅 픽처

정초定礎라고 하지요. 집필을 위해 주춧돌을 놓고 첫 삽 뜨던 기공식 때 제가 마음속에 쟁여놓은 시 한 편이 있답니다. 책 탈고를 잘 마무리하면 꼭 달려가 행복한 마음으로 낭송해보고 싶은 작품이거든요. 지은이는 미국 작가 칼 샌드버그Carl Sandburg, 1878-1967. 제목은 '행복Happiness'.

> 인생의 의미를 가르치는 여러 교수에게 청했습니다
> 행복이 무엇인지 말해달라고.
> 수천 명의 일을 통솔하는 유명한 중역들도 찾아갔습니다.
> 하나같이 고개 저으며 미소를 지어 보였습니다
> 내가 그들을 속이기라도 한다는 듯이.
> 어느 일요일 오후 데스플레인스 강을 따라 방황하고 있을 때
> 여자들과 아이들과 맥주 한 통과 아코디언과 함께
> 한 무리 헝가리인들이 나무 밑에 있는 것을 보았습니다.

아름드리나무가 있는 곳에 달려가렵니다. 픽사 애니메이션 〈월-E〉 주인공 '월-E'가 '이브'랑 올려다보던 그 아름드리나무 밑에서 맥주 한 깡 따렵니다. 안주는 바게트빵이나 살라미 소시지 한 조각으로도 족하겠습니다.

이 책을 짓는 과정은 '걷기와 산책의 여정'이었습니다. '걷기의 위대함'에 대하여 뉴욕타임스 기자 출신 작가 에릭 와이너는 자신의 책 〈소크라테스 익스프레스 The Socrates Express〉에서 이렇게 쓰고 있습니다.

'걷기는 움직임 속의 성전^{聖殿}이다. 발을 내디딜 때마다 느껴지는 평화가 우리에게 달라붙어 함께 움직인다. 휴대가 가능한 평온함이다.'

아, '휴대가 가능한 평온함'이라니…! 이 얼마나 매혹적인 은유인가요.

영문은,

> Walking is a sanctuary in motion. The peace we experience with each step adheres, and it conveys. Portable serenity.

자연과 걷기의 힘에 경의를 표하였던 고대 아테네 사람들처럼 임마누엘 칸트, 토머스 홉스 그리고 '진정으로 위대한 생각은 모두 걷기에서 비롯된다All true great thoughts are conceived while walking'라고 쓴 프리드리히 니체처럼 수상록 〈월든Walden〉의 미국 작가 헨리 데이비드 소로Henry David Thoreau, 1817~1862도 걷기를 무척 즐겼다고 알려져 있습니다. 그의 명구 하나를 소개합니다.

'숲을 산책하고 왔더니 내 키가 나무보다 커졌다.'

영문은,

> I took a walk in the woods and came out taller than the trees.

이 문장이 〈불멸의 키워드 상영관〉이 틀어주는 맨 끝 명구이군요. 나무는 작은 그림, 숲은 큰 그림 big picture을 은유하지요. 여러분은 지금 어느 곳 어떤 숲에서 산책하고 있을지요. 책 한 권도 숲입니다. 종이신문 한 부도 숲이고요. 지금 제 숲은 책과 종이신문이 곁에 놓인 어느 바닷가의 커피숍이랍니다.

이곳은 꽃과 풀과 나무가 무성한 '아이디어 **IDEA** 숲'입니다. 이 숲에서 지난 몇 달 변화^{E}volution, 꿈^{D}ream, 상상^{I}magination, 긍정^{Y}es, 실행^{A}ction이라는 이름의 꽃에 꽂혀보았습니다.

이 낙원에서 지은 이번 책이 독자께 재미있고 창의적인 놀이의 숲이 되어준다면, 그리하여 일터 안팎에서 여러분이 창조적인 삶과 리더십을 위한 더 큰 그림을 그릴 수 있게 된다면 더없이 기쁘겠습니다. ★

행복이 춤추고 상상이 날갯짓하는

무비제舞飛濟 **EDIYA**에서

아운娥雲 쓰다

Index
삽화 인물 프로필

화가·조각가·발명가
레오나르도 다빈치
Leonardo da Vince
피렌체 공화국
1452~1519

P. 6

작곡가
루트비히 판 베토벤
Ludwig van Beethoven
독일연방
1770~1827

P. 24

영화감독
쥬세페 토르나토레
Giuseppe Tornatore
이탈리아
1956~

P. 12

영화배우
제임스 딘
James Byron Dean
미국
1931~1955

P. 32

축구 선수
손흥민
孫興慜
대한민국
1992~

P. 18

영국 총리
마거릿 대처
Margaret Thatcher
영국
1925~2013

P. 38

사업가
크리스토퍼 J. 나세타
Christopher J.
Nassetta
미국
1964~

P. 44

기업인
팀 쿡
Tim Cook
미국
1960~

P. 70

화가·조각가
파블로 피카소
Pablo Picasso
스페인
1881~1973

P. 48

작가
월터 아이작슨
Walter Isaacson
미국
1952~

P. 76

의사·교육인·기업인
이길여
李吉女
대한민국
1932~

P. 60

시인
마야 안젤루
Maya Angelou
미국
1928~2014

P. 80

시인
비스와바 심보르스카
Wislawa Szymborska
폴란드
1923~2012

P. 66

영화배우
엠마 톰슨
Emma Thompson
영국
1959~

P. 86

INDEX 403

작가
보니 가머스
Bonnie Gamers
미국
1957~

P. 98

영화배우
모건 프리먼
Morgan Freeman
미국
1937~

P. 124

축구인
데이비드 베컴
David Beckham
영국
1975~

P. 108

영화배우
토비 맥과이어
Tobias Vincent Maguire
미국
1975~

P. 130

이론물리학자
알베르트 아인슈타인
Albert Einstein
스위스·미국
1879~1955

P. 114

작가
무라카미 하루키
Murakami Haruki
일본
1949~

P. 136

영화배우
짐 캐리
Jim Carrey
미국
1962~

P. 120

영화배우
대사부 우그웨이
Master Oogway
미국
생몰 연도 미상

P. 144

영화배우
벤 스틸러
Ben Stiller
미국
1965~

P. 150

군인·정치가
더글러스 맥아더
Douglas MacArthur
미국
1880~1964

P. 180

철학자
소크라테스
Socrates
고대 그리스
기원전 470~기원전 399

P. 154

기업인
이병철
李秉喆
대한민국
1910~1987

P. 186

소설가·철학자
알랭 드 보통
Alain de Botton
스위스·영국
1969~

P. 160

광고인
데이비드 오길비
David Ogilvy
미국
1911~1999

P. 192

변호사·전 법제처장
이석연
李石淵
대한민국
1954~

P. 166

전 아이스하키 선수
웨인 그레츠키
Wayne Gretzky
캐나다
1961~

P. 198

INDEX 405

기업인
이건희
李健熙
대한민국
1942~2020

P. 204

영화배우
엠마 스톤
Emma Stone
미국
1988~

P. 228

소설가
조너선 스위프트
Jonathan Swift
아일랜드
1667~1745

P. 210

영화감독
앤드루 스탠턴
Andrew Stanton
미국
1965~

P. 236

소설가·극작가
알렉상드르 뒤마
Alexandre Dumas
프랑스
1802~1870

P. 216

기업인
스티브 잡스
Steve Jobs
미국
1955~2011

P. 242

심리학자·작가
안젤라 덕워스
Angela Duckworth
미국
1970~

P. 222

기업인
리드 헤이스팅스
Reed Hastings
미국
1960~

P. 246

서커스 단장
P. T. 바넘
P. T. Barnum
미국
1810~1891

P. 256

시인·화가
윌리엄 블레이크
William Blake
영국
1757~1827

P. 288

소설가
프란츠 카프카
Franz Kafka
오스트리아·헝가리
제국
1883~1924

P. 260

비디오 아티스트
백남준
白南準
미국
1932~2006

P. 294

언론인·칼럼니스트
토머스 프리드먼
Thomas Friedman
미국
1953~

P. 270

영화배우
티모시 샬라메
Timothee Chalamet
미국·프랑스
2008~

P. 304

수학자·물리학자
아이작 뉴턴
Isaac Newton
영국
1642~1726

P. 276

영화배우·발명가
헤디 라머
Hedy Lamaar
오스트리아·,-미국
1914~2000

P. 316

INDEX 407

비행사
어밀리아 에어하트
Amelia Earhart
미국
1897~19379

P. 320

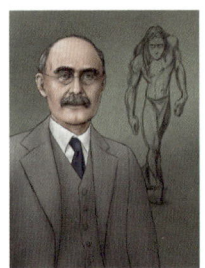

소설가·시인
러디어드 키플링
Rudyard Kipling
영국
1865~1936

P. 346

가톨릭 수녀원장
마더 테레사
Mother Teresa
알바니아·인도
1910~1997

P. 326

수학자
캐서린 존슨
Katherine Johnson
미국
1918~2020

P. 350

철학자
프리드리히 니체
Friedrich Nietzsche
프로이센 왕국·무국적
1844~1900

P. 334

소설가
표도르 도스토옙스키
Fyodor Dostoevski
러시아
1821~1881

P. 358

영화감독
마틴 스코세이지
Martin Scorsese
미국
1942~

P. 340

화가
데이비드 호크니
David Hockney
영국
1937~

P. 364

408 불멸의 키워드 상영관

영화배우
니콜레타 브라스키
Nicoletta Braschi
이탈리아
1960~

P. 368

프로골퍼
벤 호건
Ben Hogan
미국
1912~1997

P. 386

작가·소설가
아나톨 프랑스
Anatole France
프랑스
1844~1924

P. 374

철학자·수필가
헨리 데이비드 소로
Henry David Thoreau
미국
1817~1862

P. 396

소설가·시인
레프 톨스토이
Leo Tolstoy
러시아
1828~1910

P. 378

소설가
마크 트웨인
Mark Twain
미국
1835~1910

P. 382

Index

영화 제목

〈괜찮아요, 미스터 브래드 Brad's Status〉 · 152p.
〈그대들은 어떻게 살 것인가 君たちはどう生きるか〉 · 057p.
〈나니아 연대기: 사자, 마녀, 그리고 옷장
　The Chronicles of Narnia: The Lion, the Witch and the Wardrobe〉 · 053p.
〈내가 죽기 전에 가장 듣고 싶은 말 The Last Words〉 · 156p.
〈니모를 찾아서 Finding Nemo〉 · 241p.
〈다이하드 Die Hard〉 · 218p.
〈도리를 찾아서 Finding Dory〉 · 238p.
〈드래곤 길들이기 How to Train Your Dragon〉 · 135p.
〈라이언 킹 The Lion King〉 · 147p. 391p.
〈라따뚜이 Ratatouille〉 · 213p.
〈레이스 Race〉 · 225p.
〈멋진 인생 It's a Wonderful Life〉 · 030p.
〈메리다와 마법의 숲 Brave〉 · 101p.
〈몬스터 주식회사 Monsters, Inc.〉 · 053p.
〈밤셸 Bombshell: The Hedy Lamarr Story〉 · 318p.
〈벅스 라이프 A Bug's Life〉 · 249p.
〈벤저민 버튼의 시간은 거꾸로 간다 The Curious Case of Benjamin Button〉 · · · · · · · · · · · 285p. 300p.
〈불멸의 연인 Immortal Beloved〉 · 026p.
〈붉은 돼지 紅の豚〉 · 168p.

〈브루스 올마이티 Bruce Almighty〉 · 019p. 126p.

〈설리: 허드슨강의 기적 Sully〉 · 168p.

〈세 가지 색 삼부작 The Three Colors Trilogy〉 · 067p.

〈세 얼간이 3 Idiots〉 · 306p.

〈센과 치히로의 행방불명 Spirited Away〉 · 185p.

〈쇼생크 탈출 Shawshank Redemption〉 · 218p. 269p.

〈슈렉 Shrek〉 · 135p. 219p.

〈슈렉 포에버 Shrek Forever After〉 · 280p.

〈슈팅 라이크 베컴 Bend It Like Beckham〉 · 107p.

〈스즈메의 문단속 すずめの戸締とじまり, Suzume〉 · 054p.

〈스티브 잡스: 잃어버린 인터뷰 Steve Jobs: The Lost Interview〉 · 049p.

〈스피드 Speed〉 · 218p.

〈쓰리 데이즈 The Next Three Days〉 · 218p.

〈씨비스킷 Seabiscuit〉 · 194p.

〈아르고 Argo〉 · 264p.

〈아메리칸 뷰티 American Beauty〉 · 147p. 391p.

〈아멜리아: 하늘을 사랑한 여인 Amelia〉 · 322p.

〈아폴로 13 Apollo 13〉 · 247p.

〈연을 쫓는 아이 The Kite Runner〉 · 171p.

〈에덴의 동쪽 East of Eden〉 · 037p.

〈에일리언 Aliens〉 · 218p.

〈예스맨 Yes Man〉 · 122p.

〈오징어 게임 Squid Game〉 · 319p.

〈와호장룡 臥虎藏龍〉 · 351p.

INDEX 411

〈월-E WALL-E〉 · 185p. 277p.

〈월터의 상상은 현실이 된다 The Secret Life of Walter Mitty〉 · · · · · · · · · · · · · · · · · 116p.

〈위대한 쇼맨 The Greatest Showman〉 · 258p.

〈은하계를 여행하는 히치하이커를 위한 안내서 The Hitchhiker's Guide to the Galaxy〉 · · · · · · · 049p.

〈인생은 아름다워 Life Is Beautiful〉 · 365p.

〈인셉션 Inception〉 · 297p.

〈인천상륙작전〉 · 183p.

〈인크레더블 The Incredibles〉 · 255p.

〈인턴 The Intern〉 · 189p.

〈일 포스티노 Il Postino〉 · 359p.

〈자이언트 Giant〉 · 037p.

〈죠스 Jaws〉 · 218p.

〈죽은 시인의 사회 Dead Poets Society〉 · 028p. 089p.

〈철의 여인 The Iron Lady〉 · 043p.

〈쿵푸 팬더 Kung Fu Panda〉 · 135p. 147p. 219p.

〈크루즈 패밀리 The Croods〉 · 185p. 272p.

〈크리드 2 Creed II〉 · 253p.

〈터미널 The Terminal〉 · 163p.

〈터보 Turbo〉 · 300p.

〈토이 스토리 Toy Story〉 · · · · · 051p. 213p. 215p. 219p. 220p. 292p. 321p.

〈파이 이야기 Life of Pi〉 · 119p.

〈파인딩 포레스터 Finding Forester〉 · 141p.

〈프라이드 그린 토마토 Fried Green Tomatoes〉 · 345p.

〈헬프 Help〉 · 232p.

〈히든 피겨스 Hidden Figures〉 · 235p. 351p.

Index
도서 제목

〈걸리버 여행기 Gulliver's Travels〉 · 201p.
〈공항에서 일주일을 A Week at the Airport〉 · 163p.
〈그대들은 어떻게 살 것인가 君たちはどう生きるか〉 · 057p.
〈그릿 GRIT〉 · 225p.
〈끝과 시작〉 · 067p.
〈나의 사랑 백남준〉 · 293p.
〈내가 상상하면 현실이 된다 Screw it, Let's Do It: Lessons in Life〉 · · · · · · · · · · · · 217p.
〈노르웨이의 숲 Norwegian Wood〉 · 140p.
〈논어 論語〉 · 095p. 349p.
〈다시 시작하는 경이로운 순간들〉 · 138p.
〈데미안 Demian〉 · 173p.
〈돈키호테 Don Quijote de la Mancha〉 · 142p.
〈듄 Dune〉 · 331p.
〈렉서스와 올리브나무 The Lexus And The Olive Tree〉 · · · · · · · · · · · · · · · · · · 275p.
〈레슨 인 케미스트리 Lessons in Chemistry〉 · 102p.
〈리틀 빅 씽 The Little Big Things〉 · 253p. 338p.
〈맹자 孟子〉 · 095p.
〈몽테크리스토 백작 The Count of Monte Cristo〉 · · · · · · · · · · · · · · · · · 218p. 269p.
〈백남준〉 · 293p.
〈백치 Idiot〉 · 092p. 359p.

〈사기 史記〉· 173p.

〈사랑의 헛수고 Love's Labor's Lost〉· 179p.

〈사마천의 사기 산책〉· 175p.

〈사업을 키운다는 것〉· 178p.

〈설국 雪國〉· 359p.

〈세계는 평평하다 The World is Flat〉· 275p.

〈사피엔스 Sapience〉· 243p.

〈새로 쓰는 광개토왕과 장수왕〉· 177p.

〈새장에 갇힌 새가 왜 노래하는지 나는 아네 I Know Why the Caged Bird Sings〉· · · · · · · · · · · 084p.

〈소크라테스 익스프레스 The Socrates Express〉· 399p.

〈손자병법 孫子兵法, The Art of War〉· 171p.

〈스토리로 리드하라 Lead with a Story〉· 299p.

〈신곡 Divine Comedy〉· 291p.

〈실낙원 Paradise Lost〉· 291p.

〈16인의 반란자들〉· 068p.

〈어스시 시리즈 Earthsea〉· 139p.

〈어떻게 원하는 것을 얻는가 Getting More〉· 188p.

〈연을 쫓는 아이 The Kite Runner〉· 171p.

〈오리지널스 Originals〉· 309p.

〈오즈의 마법사 The Wizard of Oz〉· 323p.

〈월든 Walden〉· 175p. 285p. 400p.

〈은하계를 여행하는 히치하이커를 위한 안내서 The Hitchhiker's Guide to the Galaxy〉· · · · · · · · 049p.

〈이건희 에세이: 생각 좀 하며 세상을 보자〉· 336p.

〈이런 전쟁 This Kind of War〉· 171p.

〈이미도의 언어 상영관〉· 388p.

〈이한우의 『논어』 강의〉· 095p.

〈잃어버린 시간을 찾아서 In Search of Lost Time〉·················162p. 285p.
〈장자 莊子〉·················191p.
〈전쟁과 평화 War and Peace〉·················142p.
〈정글북 The Jungle Book〉·················347p.
〈제4차 산업혁명 The Fourth Industrial Revolution〉·················211p.
〈좋은 기업을 넘어 위대한 기업으로 Good to Great〉·················2020p. 204p. 278p.
〈죽기 전에 꼭 봐야 할 영화 1001〉·················156p.
〈죽기 전에 꼭 읽어야 할 책 1001〉·················156p.
〈죽음의 수용소에서 Man's Search for Meaning〉·················370p.
〈지조론〉·················173p.
〈창의성을 지휘하라 Creativity Inc.〉·················251p.
〈책이라는 밥〉·················177p.
〈천재의 발상지를 찾아서 The Geography of Genius〉·················311p.
〈초격차-리더의 질문〉·················201p.
〈캐비닛〉·················194p.
〈통섭 Consilience: The Unity of Knowledge〉·················317p.
〈파우스트 Faust〉·················173p.
〈파이 이야기 Life of Pi〉·················119p.
〈파친코 Pachinko〉·················107p.
〈판단력 수업〉·················177p.
〈프라이드 그린 토마토 Fried Green Tomatoes〉·················345p.
〈프랑켄슈타인 Frankenstein〉·················179p.
〈해저 2만리 20,000 Leagues Under the Sea〉·················241p.
〈호밀밭의 파수꾼 The Catcher in the Rye〉·················143p.
〈혼자 사는 즐거움 Simple Abundance〉·················247p.
〈황제의 영혼 The Emperor's Soul〉·················245p.

INDEX 415

불멸의 키워드 상영관

초판 1쇄 발행 2024년 6월 17일

지은이 이미도
펴낸이 이미도

기획 MKSANG

삽화 헌즈(www..hunsclub.com)
디자인 이은순(eleee@naver.com)
감수 리키 스미스

펴낸곳 뉴 출판등록 제2016-000057호
주소 서울특별시 강남구 광평로 56길 8-13, 418호
대표전화 010-6763-9913
팩스 02-6969-9914
이메일 midomiho@naver.com

ISBN 979-11-957987-3-5

Copyright ⓒ2019 by 이미도

이 책은 뉴의 콘텐츠입니다. 책 내용의 무단 전재나 복제,
광전자 매체 수록을 금합니다.
일부 또는 재사용하려면 반드시 뉴의 동의를 얻어야 합니다.
잘못 만들어진 책은 구입하신 서점에서 교환해드립니다.